KB275398

초역 자유론

일러두기

1. 이 책은 존 스튜어트 밀(John Stuart Mill)의 『자유론On Liberty』(Batoche Books,
   Kitchener, 2001)를 토대로 인생론에 해당하는 내용만을 선별, 편집하여 내용을
   재해석한 것입니다.
2. 원본을 있는 그대로 번역한 기존의 『자유론On Liberty』과는 차례와 구성, 내용
   부분에서 전혀 다른 책으로 전적으로 편역자와 포텐업의 창작물임을 밝힙니다.
3. 저작권법에 의해 보호받는 저작물이므로 포텐업의 허락 없이 무단 전재와
   무단 복제를 금합니다.

초역 자유론

존 스튜어트 밀 지음 | 김이남 편역

자유는 외치는 것이 아니라, 그저 살아내는 것이다.
그 삶에는 늘 책임과 상처가 따른다.

나는 '자유라는 이용권'을
어떻게 사용하고 있는가?

지난 몇 년 동안 우리 사회에서 '자유'라는 단어만큼 자주 들리면서도, 동시에 심각하게 오용되고 있는 말도 드물다. 자유는 특정 이익집단의 프로파간다로 소모되거나, 자신의 이득을 위해서라면 아무 말이나 해도 괜찮다는 면허증으로 잘못 사용되고 있다.

헌법을 무시한 채 내란을 일으킨 자를 옹호하는 이익집단들이 '자유를 수호한다'는 거짓 명목을 내걸고 '공동체에 대한 폭력'을 '국민 저항권'이라 포장하며 궤변을 늘어놓고 있다. 그들은 '내 마음대로 되지 않는 세상에 대한 울분과 분노'를 '약자와 타자에 대한 혐오'로 터트리면서 그것이 '표현의 자유'라고 착각한다. 그러나 자유는 그렇게 단순한 개념이 아니다. 지금 우리는 자유가 무엇인지 다시 질문해야 할 시점에 와 있다.

이 책을 처음 기획한 이유는 바로 이 때문이었다. 존 스튜어트 밀은 『자유론』에서 자유를 단순히 하고 싶은 대로 하는 권리라 말하지 않았다. 그는 자유가 인간을 더 성숙하게 만들며 그것이 더 나은 사회를 만드는 밑거름이 된다고 말했다. 즉 자신의 존재를 제대로 인식하고, 나아갈 길을 선택하며, 그 선택의 결과에 스스로 책임지는 것이 자유의 본질이라는 것이다.

또 한 가지 이 책을 쓴 이유는 밀의 『자유론』이 160여 년 전에 씌어진 글이지만 지금 이 시대를 살아가는 우리의 삶에 적용해도 충분히 가치가 있다고 믿었기 때문이다.

상식과 통념은 강자의 논리일 때가 많으며 그것이 꼭 옳은 것만은 아니다.

타인이 아닌 나 자신만의 세계관을 정립해야 한다.

세속적인 성공을 거두었더라도 만약 그 과정에서 자신의 본질적인 부분을 버렸다면 그것은 성공이라 말할 수 없다.

자유로운 인간이라 말할 수 없는 것도 당연하다.

나의 자유는 늘 타인의 자유와 연결되어 있다. 그래서 늘 책임과 상처가 따른다.

그의 이론이 현대 민주주의 사회의 이론적 토대를 제공했다는 것은 차치하더라도 각자도생의 시대를 살아가는 우리들에게 '어떻게 살아야 하는가?'에 대한 실마리를 제공하고 있다는 것만은 분명하다. 나는 밀의 생각을 최대한 지금 이 시대의 삶에 맞게 풀어내고 싶었다. 그래서 이 책은 원작인 『자유론』의 구조를 그대로 옮긴 책이 아니라 인생론을 중심으로 주제를 뽑아 그에 대한 철학을 재해석한 작품이다.

이 책을 쓰며 나는 한 가지 사실을 더욱 확신하게 되었다. 자유는 권리 이전에 의무다. 스스로를 성찰할 의무, 자기 욕망의 본질을 검토할 의무, 사회가 던지는 메시지를 비판적으로 해석할 의무. 이 의무를 게을리한 채 외치는 자유는 허상이며 실제로는 방임이나 충동에 가깝다. 최근 우리 사회에 자유를 '내 마음대로 할 수 있는 힘'으로 오용하는 이들이 많은 것도 이 의무를 망각했기 때문이다.

또한 자유는 언제나 '타인의 자유를 침해하지 않는다는 조건' 위에서만 성립한다. 혐오를 자유라고 주장할 수 없는 이유가 여기에 있다. 누군가의 존재를 조롱하고 공격하며 그를 침묵하게 만들고 배제하는 행위가 어떻게 자유일 수 있겠는가. 자유는 차이를 억압하는 순간 무너지고, 다양성을 존중할 때 비로소 자라난다. 또한 그것이 공리주의(功利主義)적 관점에서 봤을 때도 성패를 좌우하는 열쇠가 되기도 한다. 이는 밀의 철학뿐 아니라 인류의 역사가 증명하는 사실이다. 역사상 다양성을 존중하는 사회는 흥했고 그렇지 못한 사회는 가난을 면치 못했다. 이를 국가가 아닌 한 개인에게 국한되어 적용해봐도 자유가 얼마나 소중한 가치인지를 다시 한번 느낄 수 있다.

나는 이 책이 독자들에게 거창한 철학적 지식을 제

공하기보다는 일상에서 적용할 수 있는 자유의 기술을 알려주는 책이 되길 바란다.

> 타인의 욕망이 아닌 나만의 존재론적 욕망대로 살아갈 담대함.
> 실패가 두려워 아무것도 하지 않는 것보다는 실패를 통해 풍부한 경험을 쌓겠다는 용기.
> 다름을 틀림으로 판단하지 않고, 서로의 공간을 인정하는 태도.

만약 독자들이 이 책을 읽은 후 이런 담대함과 용기와 태도를 가져야겠다고 생각해준다면 책을 쓴 소기의 목적은 달성한 셈이다.

자유는 큰소리로 외치는 것이 아니라 그저 자기 삶을 살아내는 것이다. 타인이 아닌 나로 살아내는 것. 내가 선택한 삶이라는 이유 하나만으로 버텨내는 것. 남에게 보여주기 위해 본성을 억누르는 것이 아니라 스스로 만족하기 위해 존재론적 욕망을 추구하는 것. 누군가의 인정 없이도 그저 나라는 존재만으로도 충만하다고 느낄 수 있는 것. 나는 당신이 그런 사람이 되길 바란다. 그런 당신이 많아질수록 우리 사회 역시 더욱 따뜻하고 더욱 성숙한 곳, 더욱 살 만한 곳으로 느껴질 것이다.

2025년 12월
편역자 김이남

| **차례** |

1강

고통은 피하는 것이
능사인가?

한때 나는 이렇게 믿었다. 자유로운 삶이란 더 이상 고통받지 않아도 되는 삶이라고. 더 이상 누군가의 눈치를 보지 않고, 상처받지 않는 삶. 평온하고 안정된 삶. 그런데 나이가 들수록 깨달았다. 진짜 자유는 고통을 없애는 것이 아니라, 고통을 감당하는 힘에서 비롯된다는 것을. 불편함을 피하려는 본능은 우리를 일시적으로 보호해줄지는 모르지만 그와 동시에 성장을 가로막고 만다. 자유란 결국 고통과 불편함을 껴안을 수 있는 용기에서 시작된다.

고통은 언제나 두려움을 동반한다. 관계 속의 갈등, 낯선 선택 앞의 망설임, 실패에 대한 불안……. 이 모든 감정이 우리를 움츠러들게 한다. 그래서 우리는 익숙한 길을 선택한다. 다수의 의견에 편승하고 중립적인 입장을 취하며, 대체로 '무난한' 삶을 산다. 문제는 그런 평온 속에서 진짜 자신의 생각이 뭔지 잃어버린다는 것이다. 마치 따뜻한 물속에 몸을 오래 담그고 있는 동안에는 자신의 체온을 느끼지 못하는 것과 같다.

내가 철학자로서 글을 쓰기 시작했을 때, 가장 먼저 마주한 건 환영이 아니라 비판이었다. "왜 그리 어렵게 생각하느냐", "지금 잘 살고 있는데 뭘 그렇게 문제를 삼느냐"는 말을 들을 때마다 나도 흔들렸다. 그럴 때마다 나를 붙잡아준 건 '불편함을 직면할 수 있어야 자유로워질 수 있다'는 믿음이었다. 진실한 사유는 언제나 불편함을 수반한다. 익숙한 질서에 균열을 내기 때문이다. 우리는 그런 균열 앞에서 멈추는 대신, 계속 질문을 던져야 한다.

"이 삶은 정말 내가 원한 것인가?"

사람들은 종종 고통을 피하는 삶을 성공적인 삶이라 간주한다. 그러나 나는 말하고 싶다. 진짜 성공은 불편한 진실을 피하지 않고 마주할 때, 비로소 이룰 수 있다. 우리가 고통을 껴안을 수 있을 때, 내면은 더 깊어지고 생각은 더 단단해진다. 편안함만을 좇는 삶은 결국 퇴행하고 만다. 자기만의 철학이 없는 사람은 쉽게 무너진다. 그러나 이미 불편함을 견딘 사람에게는 쉽게 흔들리지 않는 견고한 마음의 힘이 내재돼 있다.

우리 사회는 늘 말한다. "고생하지 말고 살아라", "편하게 살아야 오래 산다." 그러나 나는 되묻고 싶다. 정말 편안한 삶이 우리를 만족시키는가? 아무런 갈등 없이 아무런 고민 없이 살아가는 삶 속에서, 우리는 과연 진짜 기쁨을 느낄 수 있을까? 아니, 오히려 그렇게 살아갈수록 공허함이 커지지 않을까? 진짜 기쁨은 고통과 불편함을 감당한 자에게만 찾아온다. 그것은 자신의 삶을 능동적으로 선택하고, 고통까지 온전히 감당해낸 자에게 주어지는 보상이다. 불편함은 우리를 시험한다. 그것은 질문을 던진다.

'당신은 정말 스스로의 신념을 지킬 준비가 되어 있는가?'

많은 사람들이 '나답게 살고 싶다'고 말하면서도, 정작 작은 갈등 앞에서마저 침묵하고 만다. 타인의 시선 앞에서 쉽게 고개를 떨군다. 나 또한 그랬다. 그러나 나는 고통과 마주하는 순간마다 선택했다. 침묵할 것인가, 말할 것인가. 피할 것인가, 직면할 것인가. 그 선택들이 쌓여 나의 삶을 만들었다.

나의 내면에서 올라오는 감정을 부정하는 것은 자유가 아니다. 진짜 자유는 나의 감정을 명확히 인식하고 그것을 기꺼이 감당하는 태도에서 시작된다. 그러니 아파도 된다. 힘들어도 된다. 중요한 건 그 고통을 어떻게 다루느냐다. 고통을 외면하면 그것은 다시 찾아오고, 더 깊은 상처를 남긴다. 하지만 정면으로 마주하면 우리는 그 고통을 통과한 후 더 단단한 사람이 된다. 나는 이제 안다. 내가 원하는 삶이 뭔지 명확히 하려면 수많은 불편한 질문과 마주해야 한다는 것을.

'나는 왜 이 일을 하고 있는가?', '나는 누구를 위해 이 결정을 내리는가?', '내가 중요하게 여기는 가치는 무엇인가?'

이 질문들은 나를 흔들고, 때로는 혼란스럽게 한다. 그러나 그 혼란을 견디는 과정 속에서 당신은 진짜 자신의 모습을 발견할 것이다. 불편한 일이 생겼을 때 스스로에게 물어봐라.

'지금 이 불편함 속에는 어떤 메시지가 들어 있을까?'
'지금 이 위기는 내가 회피해야 할 것인가, 아니면 내면에서 보내는 신호인가?'

고통은 단순히 피해야 할 감정은 아니다. 그것은 변화가 필요한 순간에 울리는 알람이다. 그 신호를 무시하지 마라. 감정을 통제하는 것은 자유가 아니다. 자유는 감정과 공존하는 기술이며, 불편함을 성장의 재료로 바꾸는 지혜다. 그러니 고통 앞에서 움츠러들지 말고 오히려 그것을 안아주어라. 그 고통이 당신을 어디로 이끄는지, 그 불편함이 당신에게 어떤 진실을 들려주는지에 귀를 기울여라.

불편함을 선택하라. 그것은 당신이 살아 있다는 증거이고 당신이 변화할 준비가 되어 있다는 징후다. 고통은 당신을 꺾지 않는다. 오히려 당신을 단단하게 만든다. 그 단단함은 타인의 인정이나 제도의 보호가 아니라 스스로의 내면에서 비롯된 자유다.

이제는 더 이상 고통을 두려워하지 마라. 불편함을 회피하지 마라. 그 속에는 진짜 나를 만나는 길이 있고, 진짜 자유를 열어주는 열쇠가 있다. 자유는 아무 대가 없이 주어지지 않는다. 고통을 감당하려는 결심. 그 속에서 우리는 비로소 자기 삶의 주인이 된다.

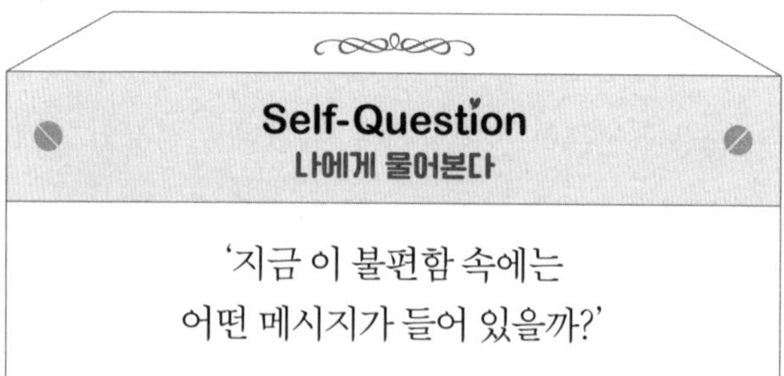

진짜 자유는
자기 인식의 산물이다

자유에 대해 나는 오래도록 고민해왔다. 오랫동안 내 머릿속을 떠나지 않았던 질문은 이것이었다.

'진정한 자유란 무엇인가?'

사람들은 자유를 외친다. 간섭받지 않을 권리, 자신이 원하는 것을 말할 수 있는 권리, 선택할 수 있는 권리. 그러나 그 모든 권리 위에 반드시 존재해야 할 한

가지가 있다. 바로 스스로에게 솔직해지는 용기다.

사실 타인의 억압보다 자기 자신의 거짓된 모습에 억눌리는 경우가 더 많다. 사회가 만들어놓은 기준, 타인의 기대, 실패에 대한 두려움, 자기합리화. 이런 모든 요소들이 작용하여 우리는 스스로에게도 진실하지 못한 상태로 살아간다. 입으로는 자유롭게 살고 싶다고 말하면서도 정작 자신의 마음을 외면하는 삶. 이렇게 사는 건 진짜 자유로운 삶이라 할 수 없다.

내 철학의 중심에는 항상 '자기결정권'이 있다. 인간은 스스로 판단하고 스스로 선택할 수 있어야 한다. 그런데 자기결정이란 무엇 위에 세워지는가? 바로 자기 자신을 얼마나 진실하게 이해하고 있는가에 달려 있다.

스스로의 내면을 잘 들여다보지 않는 사람은 자신의 욕망조차 타인의 목소리로 해석한다. 그러나 그렇게 살면 아무리 많은 선택지를 쥐고 있어도 그것은 남이 준 자유일 뿐이다.

당신은 자신이 정말 원하는 게 뭔지 알고 있는가? 당신이 하고 있는 일, 매일 반복되는 행동들, 소망하는 것.

그것이 진심으로 당신이 바라는 것인지 스스로에게 물어본 적이 있는가? 혹시 부모의 기대, 주변 사람들의 시선, 타인의 성공담, 실패에 대한 두려움이 만들어낸 위장된 목표는 아닌가?

우리는 쉽게 속는다. 그리고 가장 자주 속이는 대상은 바로 자기 자신이다. 나는 자유를 단지 제도나 법의 문제로 보지 않는다. 법적 권리의 외피보다 중요한 것은 개인의 내면이다.

'스스로 생각할 수 있는가?'
'자신의 삶을 자기 손으로 설계하고 있는가?'

이 질문에 답할 수 없다면, 겉으로 아무리 자유로워 보여도 사실은 사슬에 묶인 존재일 뿐이다. 그 사슬은 남이 만든 것이 아니라, 자기기만으로 똘똘 뭉친 내면의 굴레다.

나는 내 인생의 많은 장면에서 나 자신과 부딪혀야 했다. 철학자로서 어떤 주장을 펼치기 전, 나는 늘 내 마음속에 되물었다. "이 생각은 진심인가?", "나는 정말 이것을 믿고 있는가?", "누구를 위해 이 말을 하려 하는가?" 이런 질문들을 회피하지 않았기에, 나는 내 사상을 내 것으로 만들 수 있었다. 타인의 동의를 얻기 위한 철학이 아니라, 나 스스로가 믿고 따라야 할 사상이었기 때문이다.

당신은 스스로의 마음을 있는 그대로 들여다보고 있는가? 부정적인 감정이 올라왔을 때 그것을 눌러 참았는가, 아니면 인정하고 꺼내어 들여다봤는가? 실패했을 때, 스스로를 책망했는가 아니면 배움을 얻으려 했는가?

사람의 내면에는 하루에도 수많은 감정과 생각이 스쳐 지나간다. 그러나 많은 사람들이 그 감정을 '정리'하지 않고 그대로 덮어버린다. 감정을 덮고 생각을 외면한 채 무언가를 계속 '하는 척'하며 살아간다. 그렇게 누적된 자기기만은 곧 자기소외로 이어진다.

자유는 자기와 친밀한 관계 속에서만 가능하다. 스스로에게 진실한 사람만이 타인의 시선에 흔들리지 않는다. 타인의 인정에 기대지 않고도 당당할 수 있다. 그것은 외로움을 견디는 힘이 아니라 혼자서도 자기 삶을 살아낼 수 있는 내면의 근력이다. 나는 그 힘을 '자기 통제력'이라 불렀다. 타인이 보는 내가 아닌, 내가 보는 내 모습에 만족할 수 있는 능력. 그것이 진정한 자아실현이며 자유의 본질이다.

사람들은 흔히 자유를 권리라고 생각한다. 하지만 나는 말하고 싶다. 자유는 의무이기도 하다. 스스로를 성찰할 의무, 자기 욕망의 본질을 검토할 의무, 사회가 던지는 메시지를 비판적으로 해석할 의무. 그 의무를 게을리한 채 얻는 자유는 허상이다. 스스로에게 정직하지 않다면 그 어떤 자유도 오래 지속될 수 없다. 진짜 자유는 자기 인식의 산물이다.

나는 말하고 싶다. 자유롭게 살고 싶다면 그 시작은 거창한 혁명이 아니라 일상의 작은 정직함에서 출발한다.

'아침에 눈떴을 때 오늘 하루를 정말 살아가고 싶은가?'

'내 감정에 솔직하게 살고 있는가?'

'거절하고 싶을 때 거절할 수 있는가?'

'실패했을 때 자기 자신을 용서할 수 있는가?'

이런 질문들에 정직하게 답변할 수 있을 때야말로 자기 삶을 자기 손으로 만들어갈 수 있다. 세상의 기준은 계속 바뀐다. 시대에 따라 사고방식도 변하고 유행도 변한다. 그러나 스스로에게 진실한 사람은 그 모든 변화를 통과하면서도 중심을 잃지 않는다. 그 중심은 타인의 말에서 오지 않는다. 그 중심은 조용한 방 안에서 스스로에게 던지는 솔직한 질문과 그에 대한 대답 속에 있다.

그러니 나는 이렇게 말하고 싶다. 자유는 외치는 것이 아니라 그저 살아내는 것이다. 살아낸다는 건, 거짓 없이 자기 자신과 함께 하루를 보내는 것이다. 나는 당신에게 묻고 싶다. 오늘 하루, 당신은 자신에게 얼마나 솔직했는가?

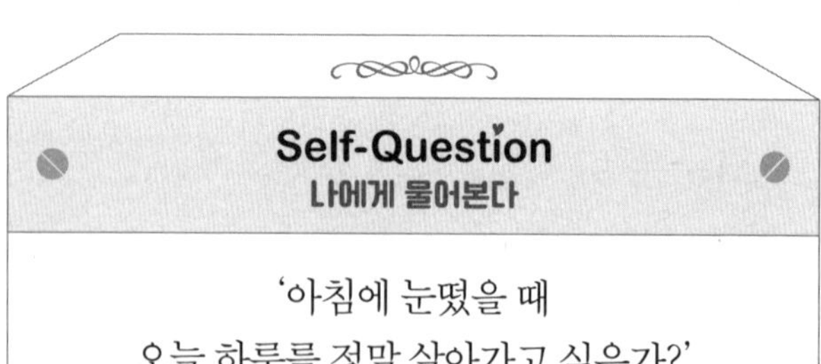

3강

타인이 만들어놓은 시나리오대로 살고 있는 건 아닌가?

인간은 자유를 원한다. 그러나 진정한 자유는 단지 억압 없는 상태를 말하는 것이 아니다. 그것은 '선택'과 '책임'이라는 두 축 위에 선 자율적 존재가 되는 일이다. 나는 자주 이런 질문을 던진다.

"당신은 스스로의 삶을 선택하고 있는가, 아니면 타인의 기대를 수행하고 있는가?"

나는 자유를 단순히 방임이나 무관심으로 오해하지 않았다. 진정한 자유는 자기 삶을 주체적으로 설계하는 것이다. 그러나 이 선택에는 반드시 책임이 따른다. 내가 선택한 길이라면 그 끝의 책임까지 온전히 나의 몫이다. 나의 철학은 바로 여기에 있다. 자유를 말하는 이는 그 무게까지 끌어안을 각오가 되어 있어야 한다.

이러한 자유는 무정부 상태를 의미하지 않는다. 오히려 사회는 각 개인이 자신의 자유를 타인의 자유와 조화롭게 사용할 수 있도록 조정해야 한다. 자유란 개인이 자율적으로 성장할 수 있는 공간이다. 그러나 그 공간을 보장받기 위해선 나 또한 타인의 공간을 침범하지 않아야 한다. 이것이 내가 주장한 '해악 원칙'이다. 나의 자유가 타인에게 해를 끼치지 않는 한 존중받아야 한다고 생각한다.

지금 당신이 걷는 길은 정말 당신이 선택한 것인가? 단지 누군가의 기대나 사회의 시선에 부응하고 있는 건 아닌가? 혹시 타인이 만들어놓은 시나리오대로 살고 있는 건 아닌가?

많은 사람들이 타인의 삶을 살아가며 그것이 마치

자신의 삶인 양 착각한다. 나는 말한다. 인간은 늘 발전하는 존재이며, 자유는 그 발전의 조건이다. 자율적으로 선택하고 그 선택의 결과를 배우며, 더 나은 방향으로 스스로를 이끌 수 있을 때 인간은 비로소 성숙해진다. 그렇기에 나는 강력히 주장한다. 개인의 자유는 인간 정신의 발전을 위해 반드시 보장되어야 한다.

사람들은 종종 자신의 선택이 아닌 삶을 살면서도 그것이 편하다는 이유로 그대로 살아간다. 하지만 편안함은 곧 정체이고, 정체는 결국 삶의 주도권을 놓치게 만든다. 선택의 순간에서 도망친 만큼, 우리는 책임의 무게를 느끼지 않게 된다. 그러나 그것은 진짜 자유가 아니다. 당신은 지금 어떤 선택을 미루고 있는가? 혹은 이미 내려야 했던 결정을 외면하고 있는가?

나는 다시 묻고 싶다. 지금 당신의 삶은 스스로 선택한 결과인가? 아니면 단지 부모가, 사회가, 누군가의 기대가 만든 궤도 위를 걷고 있는 것인가? 나의 사상은 단순히 철학적 주장에 머물지 않는다. 인간이 스스로를 변화시키는 근원적인 힘이 자유임을 말하려는 것이다. 그리고 그 자유는 선택을 통해서만 완성된다.

선택할 수 있는 권리를 타고났지만, 제대로 쓰지 않는
다면 그 능력은 점점 녹슬어버린다.

예를 들어 자신의 진로를 결정할 때, 이것이 진정 내
가 원하는 길인지를 잘 살펴봐야 한다.

'혹시 타인의 눈치를 보며 결정한 건 아닌가?'

'나의 행복보다는 타인의 인정이 더 중요했던 것은 아닌
가?'

이런 질문을 피하지 말아야 한다.

진정한 자유는 외부의 간섭이 전혀 없는 상태를 말
하는 것이 아니다. 자신의 의지에 따라 삶을 개척할 수
있는 힘이 있는지를 말하는 것이다. 이것이 바로 '자기
결정권'이다. 나는 모든 인간이 이 권리를 부여받을 자
격이 있다고 생각한다. 단, 그 권리는 무한하지 않다.
타인의 권리와 충돌하지 않는 범위 내에서 행사되어
야 하기 때문이다.

우리 사회는 흔히 '자유'를 말하지만, 그 자유에는
너무 자주 '책임'이 빠져 있다. 그러나 책임이 결여된

자유는 자기만의 환상일 뿐이다. 나의 말, 나의 행동, 나의 선택은 반드시 그 결과를 동반하며, 그것을 내가 감내할 준비가 되어 있을 때 비로소 진짜 자유라 할 수 있다.

사람들은 흔히 말한다. "나는 하고 싶은 대로 하면서 살고 싶다." 하지만 나는 그런 사람들에게 묻고 싶다. 원하는 삶을 살아본 적이 단 한 번이라도 있었는가? 아니면 입으로는 원한다고 말하면서도 두려움 때문에 그 선택을 유예한 적은 없었는가? 자유로운 삶은 스스로 그 방향을 정하고, 그 방향을 향해 나아가는 힘이다. 그 힘은 하루아침에 생기지 않는다. 연습과 훈련, 그리고 자기 성찰을 통해 자라나는 것이다.

자기 자신에게 물어봐라. 지금 내 삶의 주도권은 누구에게 있는가? 매일 나의 선택이 진정 나의 의지에서 나오는 것인가? 혹시 다른 누군가의 기준에 맞추기 위해 살고 있는 건 아닌가?

이 질문은 당신을 불편하게 만들지도 모른다. 하지만 그 불편함이야말로 자유로 가는 첫걸음이다. 나는 믿는다. 모든 인간은 자유를 누릴 권리가 있으며 그 자유는 의식적인 선택과 책임을 통해 실현된다. 그러니 지금 이 순간부터라도 나의 삶에 대해 다시 묻고 다시 선택하라. 그 결단이야말로 당신을 자유롭게 이끌 것이다.

고독이란 나를 위한
관계 훈련의 시간

고독은 한때 나에게 두려움의 다른 이름이었다. 군중 속에서 벗어난 침묵의 순간, 그 안에서 나란 존재가 얼마나 연약하고 불완전한지를 마주할 수밖에 없었기 때문이다. 그러나 지금 나는 말할 수 있다. 고독은 나의 내면을 가장 또렷이 비춰주는 거울이다. 아무도 바라보지 않는 그 시간 속에서 나는 비로소 '내가 누구인가'를 묻고, 조용히 대답할 수 있게 되었다.

고독은 외로움과는 다르다. 외로움은 타인이 곁에

없을 때 자연스럽게 느끼는 감정이지만, 고독은 오히려 타인의 부재를 기회로 삼는다. 타인의 시선에서 벗어난 공간에서야말로 인간은 자기 내면의 소리에 집중할 수 있다.

내면의 속삭임, 억눌려 있던 감정, 진짜 욕망이 들려오는 그 순간이야말로 자유의 출발점이다. 인간이 진정 자유로워지기 위해서는 자기 자신을 이해해야 하고 그것은 고독 속에서 비로소 가능해진다.

나는 살면서 수많은 침묵의 시간을 견뎠다. 때로는 친구들과의 거리감 속에서, 때로는 나의 사상을 배척하는 사회에서 고립된 채로 혼자만의 방 안에 갇혀 사색의 나날을 보냈다. 하지만 그 시간들이 바로 나를 만들었다. 타인의 목소리 대신 나의 목소리를 들으려 했던 시간. 세상의 기준보다 나 자신의 기준을 찾으려 했던 시간. 그 시간들이 없었다면 나는 나 자신에 대해 어떤 철학도 품지 못했을 것이다.

세상은 끊임없이 말한다. 함께 있으라고, 연결되라고. 관계를 맺고 소통하고 공감하라고. 물론 그것은 중요하다. 하지만 나는 이렇게 말하고 싶다.

자기 자신과 깊이 연결되지 못한 자는 진정한 관계도, 진정한 소통도 불가능하다.

진짜 공감은 타인의 감정을 느끼기 전에, 자기감정을 먼저 이해할 수 있을 때 비로소 가능하다. 고독이란 그런 의미에서 나를 위한 관계 훈련의 시간이다.

우리는 종종 고독을 피하기 위해 바쁘게 움직인다. 사람들과 끊임없이 연락을 주고받고, 무언가에 몰입하느라 자기 자신에 대해 생각할 겨를이 없다. 그러나 그런 상황에서는 자기 성찰을 할 수 없다. 자유란 타인의 인정이 없어도 나 자신을 인정할 수 있는 상태이며, 그 내면의 자율성은 고독 속에서 단련된다. 고독을 이겨낼 수 있는 자질은 자유로운 인간이 지녀야 할 가장 값진 덕목이다. 누군가와 함께 있어야만 자신이 의미 있다고 느끼는 사람은 언제나 타인의 존재에 의존하며 살아간다. 하지만 혼자 있어도 자신을 지킬 수 있는 사람은 타인과의 관계마저도 더욱 성숙하게 이끌 수 있다. 나는 그 진리를 늦게 깨달았지만 그 뒤로는 고독을 피하지 않게 되었다.

내가 지켜온 자유는 말의 자유, 행동의 자유, 생각의 자유만이 아니다. 그것은 '나 자신과 함께하는 자유'였다. 타인의 목소리보다 내 목소리를 먼저 듣고, 외부의 인정보다 내면의 평온을 먼저 구하는 태도였다. 고독은 그런 자유를 가르쳐주는 스승이다. 때로는 차갑고 무심하지만, 나를 가장 진실하게 만들어주었다.

고독 속에서 나는 스스로에게 물었다. 나는 누구인가? 나는 무엇을 원하는가? 나는 어떤 사람이 되고 싶은가? 이 질문들에 답하는 과정이 고통스럽지 않았다고 말할 수는 없다. 그러나 그 불편함을 마주한 시간들이 내 철학의 뿌리를 형성했다. 나는 이제 알고 있다. 나를 지탱하는 힘은 외부의 인정이 아니라, 내 안에서 나를 지지할 수 있는 마음이라는 것을.

자기계발서들은 흔히 목표 설정, 시간 관리, 인간관계의 기술을 말하지만, 나는 여기에 한 가지를 더하고 싶다. 바로 '고독을 훈련하라'는 것이다. 일정한 시간 동안 혼자 있는 것을 연습하고, 그 속에서 나를 관찰하며, 두려움 없이 자신과 대화하는 법을 배우는 것. 이것이야말로 인간을 자유롭게 만들고 자기다운 삶으로 이끄는 기초가 된다.

고독은 감옥이 아니다. 오히려 그것은 내면의 정원이다. 침묵은 단절이 아니라, 가장 깊은 연결의 언어다. 누구와도 연결되지 않은 그 순간, 우리는 비로소 나 자신과 연결된다. 그 연결이 강해질수록 외부의 평가에 덜 흔들리고, 타인의 기대에 덜 휘둘린다. 진짜 자율성은 바로 그 연결에서 비롯된다.

지금, 혼자 있는 시간 동안 당신은 무엇을 하고 있는가? 단지 무언가에 시선을 빼앗긴 채 시간을 흘려보내고 있는가, 아니면 내면을 들여다보며 삶의 방향을 재정비하고 있는가? 고독은 선택받은 자에게만 주어지는 특별한 시간이 아니다. 그것은 누구에게나 열려 있지만, 용기 있는 자만이 마주할 수 있다.

나는 이제 말할 수 있다. 고독은 나의 친구였고, 나의 교사였으며, 나의 자유를 가능하게 한 공간이었다. 만약 당신이 지금 혼자라면, 그것은 결코 결핍이 아니다. 오히려 당신에게 주어진 가장 귀한 기회일 수 있다. 그 고요한 시간 속에서야말로, 당신은 진짜 '자신'을 마주하게 될 것이다. 그리고 그것이야말로 진짜 자유의 시작이다.

Self-Question
나에게 물어본다

'혼자 있는 시간에
무언가에 시선을 빼앗긴 채
시간을 흘려보내고 있는 건 아닌가?'

5강

타인의 기준으로
평가받는 삶은
결국 타인의 삶이다

나는 늘 경계했다. 다수의 권력, 대중의 눈초리, 사회가 부여한 '정상'이라는 이름의 강요. 그것들이 얼마나 교묘하게 개인의 자유를 침식하는지 나는 오래전부터 목도해왔다. 내 마음속 한편에는 늘 이 질문이 자리 잡고 있었다.

'나는 지금 누구의 기준으로 생각하고 있는가?'

당신에게도 묻고 싶다. 당신이 입는 옷, 말하는 방식, 선택하는 진로……. 정말 모두 당신의 것인가? 아니면 누군가가 기대한 모습으로 꾸며낸 가면은 아닌가? 우리는 때때로 자신이 자유롭다고 착각한다. 그러나 대중의 시선에 맞추기 위해 내면의 진짜 욕망을 숨기고 있다면 그것은 자유가 아니라 순응이다. 그 순응은 종종 '현명한 선택'이라는 이름으로 포장되지만, 실상은 두려움에 기반한 자기부정일 수도 있다.

대중은 종종 옳지 않다. 아니 오히려 자주 틀린다. 그러나 그들은 숫자의 힘으로 그릇된 기준을 '상식'으로 만든다. 그리고 그 상식은, 다르다는 이유만으로 누군가를 틀렸다고 판단한다. 나는 이런 판단이 얼마나 쉽게 폭력으로 이어질 수 있는지를 수없이 목격해왔다. 다른 것을 잘못된 것으로 낙인찍는 순간, 우리는 다양성 대신 획일성을 강요하게 된다.

당신은 최근에 '나답지 않게' 행동한 적이 있는가? 왜 그렇게 했는가? 누군가 실망할까 봐? 혹은 튀지 않기 위해서? 그렇다면 당신은 대중의 눈치를 보며 살아가고 있는 것이다. 그리고 그 눈치는 당신의 개성을 서서히 말라가게 한다. 처음엔 작은 타협일 뿐이었지만 시간이 갈수록 그 타협이 당신의 본질을 지워간다.

나는 대중의 시선을 따르지 않기로 마음먹었다. 나의 생각, 나의 철학, 나의 감정……. 그것들을 표현하는 데 주저하지 않기로 했다. 때로는 비난받았고, 때로는 외면당했다. 그러나 역설적이게도 그 외로움 속에서 나는 가장 '나다운' 내가 되었다. 사회로부터 멀어질수록 나 자신에게 가까워질 수 있었던 것이다.

자유란 단순히 구속되지 않는 상태가 아니다. 그것은 '자기 자신으로 존재하는 용기'다. 대중의 기준은 언제든 변할 수 있다. 트렌드는 바람처럼 스쳐 지나가고, 다수의 입장은 어제의 박수가 오늘의 침묵으로 뒤바뀌곤 한다. 그러나 당신의 내면에서 비롯된 신념은 당신만의 것이다. 당신은 그 신념을 위해 대중의 박수를 거절할 수 있는가?

나는 군중이 아닌 개인을 신뢰한다. 사회가 발전하려면 다르게 생각하는 소수가 필요하다. 그 소수는 비웃음을 사거나 고립되는 경우가 많다. 그러나 그들은 기존의 질서를 흔들고, 새로운 길을 제시한다. 역사는 그런 사람들에 의해 움직여왔다. 위대한 변화는 언제나 소수로부터 시작되었다는 사실을 잊지 말자.

대중의 시선은 유혹처럼 달콤하지만, 그것에 길들여지는 순간 우리는 스스로를 잃어버린다. 나는 말하고 싶다. 타인의 기대에 맞춰 살아가는 인생이 정말 당신의 삶인가? 아니면 그저 관객의 박수를 갈망하는 배우에 불과한가? 인정받기 위해 사는 삶은 결국 피로와 공허를 남긴다. 나는 오늘도 묻는다.

'지금의 나는, 진짜 나의 삶을 살고 있는가?'

이 질문을 두려워하지 말자. 오히려 이 질문 속에서 우리는 진짜 자유를 찾게 된다. 타인의 기준으로 평가받는 삶은, 결국 타인의 삶이다. 당신의 삶은 오직 당신만이 만들어야 한다. 그 주도권을 되찾는 순간, 비로소 자유의 문이 열린다.

대중의 시선은 거울이 아니다. 그것은 때로 왜곡된 렌즈일 뿐이다. 진짜 나를 보고 싶다면 그 렌즈를 걷어내야 한다. 그때 비로소 우리는 안다. 대중의 중심에

섰을 때보다, 나 자신의 곁에 섰을 때 더 자유롭다는 것을.

대중의 시선은 순식간에 방향을 바꾼다. 오늘의 영웅이 내일의 희생양이 될 수도 있다. 그래서 나는 늘 개인의 신념에 기초한 삶을 강조했다. 만약 당신이 자신의 신념이 아닌 타인의 기대 속에 삶을 맡긴다면, 그 삶은 언제든 흔들릴 수 있다. 그 흔들림은 결국 정체성과 자존감의 붕괴로 이어진다.

그렇다면 진정한 나는 어디서부터 만날 수 있을까? 아마도 나 자신과 만나는 침묵의 순간부터일 것이다. 그 만남은 고요한 혼자만의 시간 속에서 이루어진다. 그곳에서 당신은, 누구의 시선에도 흔들리지 않는 단단한 나를 만날 수 있다.

그러니 다시 묻자. 당신은 지금 누구의 인생을 살아가고 있는가? 이 질문을 매일 아침 거울 앞에서 반복해보자. 질문을 반복하게 되면 결국 진실이 나오게 되어 있다. 그리고 그 진실은 당신을 타인의 시선에서 해방시켜 줄 것이다.

Self-Question
나에게 물어본다

'나는 나의 신념을 위해
대중의 박수를 거절할 수 있는가?'

나의 자유는 타인의 자유를 침해하지 않는다는 조건에서 출발한다

나는 종종 '차이'가 '오류'로 간주되는 사회의 무서움을 목격했다. 개인이 자신만의 방식으로 사고하고 말하고 행동할 자유는 분명 문명사회의 토대다. 그럼에도 많은 이들이 다름을 불편해하거나 심지어 위협으로 여긴다.

왜 우리는 여전히 다양성을 두려워할까?

그 두려움 뒤에는 익숙함에 대한 집착과 변화에 대한 불안이 자리하고 있다. 낯선 것을 배척하는 본능은 이해할 수 있지만 우리는 이성으로 그 본능을 넘어서야 한다. 나의 사상은 바로 이 문제에서 출발했다. 다양한 의견, 다양한 삶의 방식, 다양한 존재 방식이 존중받지 않는 사회는 결코 앞으로 나아갈 수 없다. 나는 믿는다. 진리는 논쟁 속에서 살아나고, 다름은 사회를 더 풍요롭게 만든다고. 서로 다른 생각이 부딪치고 교차할 때 비로소 새로운 통찰이 피어난다. 다름을 인정하는 것은 공동체의 지적 깊이를 더하는 가장 중요한 덕목이다.

그렇다면 묻겠다. 당신은 최근에 나와 생각이 다르다는 이유로 누군가를 무시한 적이 있는가? 혹은 당신 스스로가 다르다는 이유로 입을 다문 적은 없는가? 우리는 모두 어딘가에 속하고 싶어 하면서도, 결국 스스로를 타인의 기대에 끼워 맞추며 진짜 '나'를 억누른다. 그런데 이런 식으로 많은 사람들이 스스로를 억압하면 이는 개인의 자유뿐 아니라 사회 전체의 다양성과 생명력을 위협한다.

다름을 인정한다는 것은 결코 쉬운 일이 아니다. 하지만 타인을 인정함으로써 우리는 인간으로서 성숙해진다. 차이를 받아들이는 순간, 우리는 타인의 존재를 있는 그대로 인정할 수 있게 되고 결국 그 너그러움이 자신에게도 돌아온다. 존중은 일방통행이 아니다. 타인을 인정하는 순간, 나 또한 인정받을 수 있는 가능성이 열린다.

당신은 언제 가장 자유로웠는가? 혹시 누군가가 당신을 있는 그대로 받아들여줬을 때이지 않았는가? 그렇다면 이제 당신도 누군가의 자유를 지켜주는 사람이 될 수 있다. 다름을 틀림이라 여기지 않는 순간, 우리는 비로소 같은 인간 대 인간으로 만날 수 있다. 이해는 말보다 먼저 다가가려는 태도에서 시작된다.

세상의 모든 차이는 우리가 더 넓고 깊게 세상을 이해할 수 있는 창문이다. 그 창을 닫지 말자. 틀린 것이 아니라 다를 수도 있다는 태도는 우리가 함께 살아가기 위한 최소한의 품격이다. 이 품격은 곧 성숙한 민주사회의 기준이기도 하다.

철학은 언제나 차이로부터 출발한다. 오직 하나의

생각만 허용되는 사회는 필연적으로 퇴보한다. 내가 이 책을 통해 가장 강조하고 싶은 것은 차이를 억누르지 말고 대화의 장으로 끌어올리자는 것이다. 그 과정에서 우리 사회는 비로소 더 넓은 세계관을 품을 수 있다. 다름에 대한 논의는 사회 발전의 촉진제이며 정체를 막는 방파제이다.

물론 차이를 존중하자고 말하는 것은 쉽지만, 실생활에서 그것을 실천하는 일은 결코 쉽지 않다. 친구와의 대화 속에서, 직장 내 회의에서, 가족과의 식사 자리에서조차 우리는 자주 '다름'을 방해 요소로 간주한다. 상대와 나의 의견이 다를 때 당신은 어떻게 반응하는가? 어쩌면 말끝을 흐리거나, 혹은 아예 대화를 피하지는 않았는가? 이렇게 나와 다른 의견을 회피만 하게 되면 우리는 점점 더 획일적인 공간에서 살게 된다.

나는 주장한다. 그 작은 순간들이 모여 사회적 분위기를 결정한다고. 그러니 내가 먼저 열린 자세로 다름을 인정할 때, 그 분위기는 점점 확산되고 정착될 수 있다고 말이다. 다름을 인정하는 용기는, 말하자면 사회적 자산이다. 개인들이 자신의 자리에서 다름을 인정하는 태도는 사회를 바꾸는 촉매가 될 수 있다. 여기서 중요한 건 말보다 실천하는 자세다.

다양성을 존중하는 사회의 구성원들은 스스로를 되돌아볼 줄 안다. 이들은 자신의 관점을 의심하고, 타인의 논리를 경청하며, 다양한 해석의 가능성을 허용한다. 이들의 이런 태도는 단지 예의나 도덕의 문제가 아니다. 그것은 문명의 방향이며, 인간다움의 실천이다.

혹자는 이렇게 반문할 수도 있다. "다른 의견은 다 존중받아야 하는가?" 물론 아니다. 나 역시 자유에는 책임이 따른다는 걸 누누이 강조했다. 다름을 인정하되, 그 다름이 타인의 자유를 침해하지 않는다는 전제 조건이 있어야 한다. 그것이 자유의 출발 지점이기 때문이다. 만약 자유로운 표현이 혐오로 변질될 때, 우리는 다시금 기준을 정립해야 한다. 다름의 인정과 그 한계는 늘 긴장을 동반하며 그 안에서 우리는 균형을 배워야 한다.

또한 나는 말하고 싶다. 진리는 다수의 입이 아니라, 종종 소수의 목소리에 들어 있다. 진리는 숫자에 의해 결정되지 않는다. 만약 그렇게 된다면 그것은 위험한 착각일 수 있다. 인류 역사상 진리를 말했던 이들은 언제나 처음엔 소수였다. 그들의 말이 시대의 조롱과 무관심 속에서도 생명을 얻을 수 있었던 이유는, 사회가 최소한의 '다름'에 대한 포용력을 갖고 있었기 때문이다. 당신은 오늘, 어떤 '다름'을 포용했는가? 그리고 내일은, 어떤 '다름'을 이해하려 노력할 것인가? 당신이 인정한 그 다름이, 언젠가 당신의 자유를 지켜줄지도 모른다. 우리는 서로의 다름을 받아들일 때 비로소 자유로운 사회를 향해 한 걸음 내딛게 된다. 그런 사회를 만들 수 있다고, 나는 지금도 믿는다.

혐오는
자유가 아니다

나는 오래도록 자유에 대해 이야기해왔지만, 자유라는 말이 잘못 쓰이는 경우를 수도 없이 목격했다. 그중 가장 심각한 건 바로 "싫은 것을 싫다고 말할 자유가 있다"면서 타인을 공격하고, 비하하고, 배제하는 행동까지 정당하다고 생각하는 사람들이다. 그러나 나는 단호히 말하고 싶다. 혐오는 자유가 아니다.

혐오는 타인의 존재를 훼손하는 흉기이며, 그 어떤 철학적 개념으로도 자유의 이름 아래 보호될 수 없다.

나는 자유를 둘러싼 투쟁이 인류 역사의 핵심이라고 말한 바 있다. 하지만 내가 가장 강하게 경계한 것은 왕이나 독재자 같은 눈에 보이는 권력이 아니라, '여론'이라는 이름의 보이지 않는 폭력이었다. 이것은 '다수의 폭정'이라고 부르기도 한다. 그 폭정은 말과 행동만으로도 사람들을 옥죄었다.

대중의 감정은 언제나 법보다 더 치명적이며, 그들은 자신들과 다른 생각을 가진 사람에게 잔인한 형벌을 내릴 수 있다.

이 말은 혐오의 문제를 그대로 드러내 보여준다. 혐오는 법보다 먼저, 여론의 힘을 얻는다. 어떤 집단을 향한 조롱, 멸시, 비하가 '재미', '의견', '표현의 자유'라는 이름으로 퍼져나갈 때, 그 사회가 갖고 있는 자유의 의미는 이미 퇴색하기 시작한다. 그 대표적인 예가 바로 소크라테스의 죽음이다. 아테네 시민들은 그가 잘못된 신념을 퍼뜨린다며 손가락질했고, '도덕적 타락을 부추긴다'는 명목으로 그를 사형에 처했다.

아테네의 법정은 소크라테스가 아니라 소크라테스가 던진 질문의 자유를 처형한 것이다.

대중은 자신들이 '정상'이라고 믿는 가치에 조금이라도 반하는 사상을 만나면 불편해한다. 그 불편함은 곧 혐오로 바뀌고, 혐오는 결국 매도와 집단 광기라는 극단적 폭력으로 이어졌다. 대중은 그것을 정당한 처벌이라고 믿었다. 그러나 실제로는 자신들과 다른 사고방식을 받아들일 마음의 여유가 없었던 것뿐이다.

나는 여기서 중요한 사실 한 가지를 배웠다. 바로 혐오는 언제나 불편함 때문에 촉발되지만 진정한 자유는 바로 그 불편함을 견디는 능력에서 시작된다는 것이다. 진짜 자유로운 사회는 '나와 다른 존재'를 만났을 때 느끼는 불편함을 혐오로 변질시키지 않는 성숙한 시민 의식에서 만들어진다. 그래야만 그 누구에게도 자유가 허락되고 유지될 수 있다.

역사상 이런 예는 무수히 많다. 로마 황제 마르쿠스 아우렐리우스는 '공공선'이라는 명목을 내세워 기독교인을 박해했다. 그는 제국의 안정과 질서를 위해서는 기독교인들의 예배 방식이나 신앙 고백이 '질서를

어지럽히는 행동'이라고 여겼던 것이다. 그러나 그것이 아무리 선한 의도에서 출발했다 하더라도 특정한 계층을 핍박하거나 혐오하는 것은 폭정일 따름이다.

대부분의 사람들은 자신이 선하다고 착각한다. 타인을 혐오하는 감정조차 자신이 믿고 있는 정의를 실현하는 행위라고 믿는다. '우리 사회를 지키기 위해서', '저 사람들은 틀렸기 때문에', '저 집단은 위험하니까'라는 라는 명분으로 누군가를 배제하고 비난한다. 그러나 그렇게 타인을 혐오하기 시작하면 공동체를 받쳐주던 자유라는 기둥은 무너지기 시작한다. 타인의 존재를 공격하는 순간, 자기 자신의 존재 영역도 스스로 박탈하는 꼴이 된다.

인류의 역사를 보면 '개성, 다양성, 차이'가 인간 발전의 원동력이었다는 것은 기정사실이다. 그러므로 특정 집단의 존재 자체를 부정하는 행위는 자가당착이다. "나는 저 사람이, 저 집단이, 저 계층이 불편하니까 혐오할 자유가 있다"라는 말은 애초에 성립할 수 없다. 혐오하는 말 자체가 타인에게 이미 해를 끼치기 때문이다. 감정은 개개인의 자유지만 타인의 권리를 침해하는 언어는 표현의 자유라 말할 수 없다.

그저 말 한마디일 뿐이라도 그 말이 누군가에게 씻을 수 없는 상처를 주고, 그 사람이 사회에서 소외되게 만들고, 침묵하게 만든다면 그것은 이미 해악이다. 대개의 경우 상처받는 쪽은 약자와 소수자이고 혐오하는 쪽은 기득권 세력이라는 것도 기억해야 한다. 말이 타인의 권리를 침해하는 해악이 되는 순간, 그것은 더 이상 자유라 말할 수 없다. 그러므로 당신도 나도 '나는 선한 사람이다'는 허울에서 벗어나 스스로에게 늘 이런 질문을 던져야 한다.

'나의 자유가 누군가의 권리를 박탈하지는 않았나?'

진짜 자유로운 인간은 불편함을(혹은 공포를) 혐오로 번역하지 않는다. 오히려 그 불편함 속에서 새로운 것을 배운다. 자신이 알지 못하는 세계, 자신이 경험해보지 못했던 새로운 사람들의 이야기 속에서 보석 같은 지혜를 발굴한다.

불편함에 혐오로 대응할 것인가, 아니면 새로운 지

혜를 발굴하는 기회로 삼을 것인가. 이것은 더 좁은 세계로 갈 것인가 아니면 더 넓은 세상으로 나아갈 것인가를 판가름하는 선택의 기준이다. 자유라는 이름을 걸고 누군가를 혐오하면 결국 그 칼날은 나에게 돌아온다는 사실을 잊지 마라.

남을
바꾸려 하지 마라

나는 오랫동안 타인을 돕고 이끌어주는 것이 인간관계에서 책임 있는 태도라고 믿으며 살아왔다. 특히 나보다 어린 사람이나 경험이 적은 사람들을 보면 나도 모르게 '내가 아는 것을 알려줘야겠다'는 다급한 마음이 들었고, 그들의 선택을 대신 정리해주려는 충동을 억누르기 어려웠다. 부모가 자녀에게, 선배가 후배에게 보이는 태도가 이 같은 선의에서 비롯되었다는 것을 나는 잘 알고 있다. 그러나 시간이 흐를수록 그와 같은 선의가 어느 시점부터 간섭과 통제의 성격을 띠는지, 그리고 그 간섭이 어떤 결과를 낳는지에 대해 점점 더 깊은 고민을 하게 되었다.

인간은 스스로 판단해서 선택하고, 그 선택의 결과를 직접 감당하는 과정을 거쳐야만 비로소 성숙해진다는 것을 깨달았기 때문이다. 실수는 그 과정에서 필연적으로 겪어야 할 통과의례와 같다.

그런데 많은 사람들이 실수를 예방하기 위해 안간힘을 쓴다. 자식이나 후배가 실수할까 봐 전전긍긍하며 미리 손을 쓴다. 그러나 그런 행동이 실수뿐 아니라 그들의 판단력이나 자유까지 빼앗는다는 사실은 왜 인식하지 못하는가.

어떤 연구자의 사례를 상상해보자. 그는 기존의 안정적인 방식 대신 매우 독창적인 시도를 감행했고 그 결과 몇 차례의 실패를 겪었다. 주변 동료들, 특히 경력이 더 많은 선배 연구자들은 그에게 "이 길은 위험하니 돌아서라"고 반복해서 말했다. 그러나 그는 자신이 선택한 시행착오를 기꺼이 감당했고, 결국 예상치 못한 새로운 패턴을 발견하기에 이르렀다. 이 이야기는 특정한 실제 사례를 말하는 것이 아니다. 그러나 우리는 학계, 직장, 사회에서 이런 경우를 얼마든지 발견할 수 있다. 중요한 점은 그가 외부의 충고를 따르지 않았기에 새로운 시도가 가능했고, 실수를 했기에 새로운 발견을 할 수 있었다는 사실이다. 만약 선배들이 더 강하게 개입해 애초에 시도조차 하지 못하게 했다면 그는 결코 자신만의 이론을 발견하지 못했을 것이다. 그 실수는 그의 몫이며, 그 실수를 통해 성장하는 것도 그의 권리다.

이와 비슷한 일은 부모와 자녀 사이에서도 자주 일어난다. 부모는 자녀의 삶에서 발생할 수 있는 위험과 고통을 누구보다 먼저 예상한다. 그래서 자녀가 넘어질까 봐 먼저 손을 내밀고, 잘못된 선택을 할까 봐 대신 길을 정해주며, 실패를 경험하지 않도록 보호막을 쳐준다. 그러나 역설적이게도 부모의 이런 행동은 자녀의 판단력과 개성을 서서히 약화시키는 작용을 한다.

판단력은 타인의 통제 아래에서는 자라지 않는다. 부모가 자녀의 모든 문제를 해결해줄 때, 자녀는 스스로 판단하고 수행하고 배우는 과정을 박탈당한다.

물론 부모의 사랑은 존중받아야 할 가치지만, 그 사랑이 지나쳐 자녀가 실수할 기회마저 앗아간다면 그것은 보호가 아니라 억압일 뿐이다. 실수할 경험을 박탈당한 자녀는 점점 자신의 판단이 아닌 타인의 판단에 의존하는 성인으로 자라난다.

나는 선배가 후배에게 "그렇게 하면 안 돼"라고 말하는 장면도 자주 봤다. 경험 많은 연장자가 젊은이들을 걱정하는 마음은 이해할 만하다. 하지만 그 조언이 "너는 아직 모르니까 내가 대신 판단해주겠다"는 태도로 변하는 순간, 상대방은 자기 방식대로 시도해볼 기회를 잃어버린다. 어떤 후배가 자신의 방식대로 일을 추진하려 할 때 선배가 그 행동이 위험하다며 막아서는 모습을 상상해보자. 이때 선배는 후배를 도와준다고 생각할지 모르지만, 실제로는 후배가 성숙해질 기회를 빼앗고 있을 뿐이다. 선배 자신이 그 사실을 자각하지 못할 뿐이다. 나는 바로 이 점 때문에 타인이 실수할 기회를 박탈하지 말라고 이야기한 것이다.

또 이런 경우도 있다. 어떤 스승이 제자에게 조언을 건넸다. 제자는 스승의 말이 정말 옳다고 생각해서가 아니라 스승의 기대를 저버리고 싶지 않아서 마지 못해 그 조언을 따랐다. 이 사례는 인간이 권위 앞에서 얼마나 쉽게 스스로 판단할 기회를 잃어버리는지를 잘 보여준다.

스승은 조언을 했을 뿐이지만, 제자는 그 조언을 압박으로 느낄 수 있다. 이때 압박감은 강제에 의해서가 아니지만 자율성을 해치기 때문에 더 강력한 억압이 될 수 있다. 결국 문제의 핵심은 '누가 더 많이 알고 있느냐'가 아니라 '누가 자신의 삶을 직접 선택하며 살고 있느냐'다. 타인이 실수할까 봐, 잘못된 길을 갈까 봐 개입하고 싶은 마음은 이해한다. 하지만 실수는 그 사람의 몫이며, 인간은 실수를 통해서만 자신만의 판단력을 키울 수 있다.

'나는 지금 타인을 돕고 있는가, 아니면 나도 모르게 그의 삶을 대신 결정하고 있는가?'

이 질문은 타인을 대하는 나의 태도를 가장 명확하게 비추는 거울이다. 남을 바꾸려는 마음을 내려놓을 때, 우리는 비로소 타인을 존중하고 그의 자유를 인정하는 사람으로 거듭난다. 자유란 완벽한 선택에서 오는 것이 아니라 불완전한 선택을 통해, 실수를 통해 책임을 배우는 과정에서 저절로 얻어지는 것이다.

물론 타인의 실수를 지켜보는 일은 불편하다. 하지만 그 불편함을 견디는 것이야말로 타인의 자유를 인정하는 가장 성숙한 방식이다. 나 역시 이 사실을 오랜 시간을 통해 비로소 이해했다. 나는 이제 누군가의 실수 앞에서 서둘러 조언하거나 개입하려는 충동을 경계하려 한다. 그것이 타인을 존중하는 가장 온전한 자세이며, 자유로운 인간관계의 출발점이라고 나는 믿는다.

Self-Question
나에게 물어본다

'누군가에게 내가 정답이라고 생각한 것을
강요한 적이 있지 않았나?'

9강

표현하지 않으면
나는 사라진다

나는 한때 말이 많은 사람이었다. 모임에서 유쾌하게 떠들고, 사람들과 웃으며 이야기하곤 했다. 하지만 그 속에서 정작 '진짜 나'는 조용히 숨어 있었다. 웃는 얼굴 뒤에 감추어진 생각들, 입 밖으로 꺼내지 못한 감정들, 말이 많을수록 더 감춰야 했던 진심들. 나는 그저 원만한 사람으로 보이기를 원했고 갈등을 피하고 싶었다. 그렇게 내 말은 점점 타인을 위한 말이 되었고, 나는 내면의 목소리로부터 멀어졌다.

표현하지 못한 감정은 사라지는 게 아니다. 그것은 내 안에 조용히 남아 있다가 때로는 나를 괴롭히고, 때로는 관계를 비틀어놓는다. 무언가 말하고 싶은데 끝내 삼킨 말들, 해야 할 말보다 해서는 안 될 말을 더 걱정하며 눌러 담은 감정들. 그 침묵의 시간 속에서 나는 조금씩 사라지고 있었다. 겉으로는 웃고 있었지만, 나는 점점 내 자리를 잃어가고 있었던 것이다.

표현한다는 것은 단순히 말하는 것을 뜻하는 게 아니다. 그것은 나의 존재를 확인하고, 내 삶을 주도하는 방법이다. 말하지 않으면 생각도 감정도 타인의 언어에 묻혀버린다. 타인의 기준, 타인의 욕망, 타인의 감정 속에 내 생각이 속박되고, 나의 고유함도 흐려져버린다. 그 순간 나는 내 삶의 주인에서 관찰자로, 그리고 점점 더 수동적인 존재로 변한다. 말할 수 없다는 건 단순히 불편함을 참는 게 아니라, 자유를 잃어가는 것과 같다.

사람들은 흔히 말한다. "말하지 않아도 알 거야." 하지만 세상 사람들은 그렇게 섬세하지 않다. 말하지 않으면 상대는 알 수 없다. 그리고 알 수 없다는 건 결국 단절을 의미한다. 관계의 벽은 말하지 않은 진심에서 시작되고, 그 침묵은 곧 오해로 자라난다. 오해는 불신이 되고, 불신은 고립을 만든다. 당신은 말해야 한다. 당신 자신을 지키기 위해서, 관계를 이어가기 위해서, 그리고 자유롭게 존재하기 위해서.

표현에는 용기가 필요하다. 특히 불편한 진실일수록, 꺼내기 어려운 감정일수록, 그 표현은 두려움을 동반한다. 거절당할까, 상처받을까, 어색해질까. 그런 걱정은 언제나 우리를 침묵으로 몰아넣는다. 하지만 그 두려움을 이겨낸 자만이 진짜 자신을 지킬 수 있다. 말할 수 있는 사람은 자신을 소중히 여기는 사람이다. 표현은 결국 자기 자신에 대한 존중이자, 자율성을 향한 첫걸음이다.

진실한 표현은 완벽하지 않다. 서툴고, 어설프고, 때로는 지나치기도 한다. 하지만 진심은 결국 전해진다. 진심 어린 말은 다듬어지지 않아도 상대의 마음을 울린다. 물론 정직해야 한다. 그래서 나는 이제 완벽한 문장보다 진실한 한마디를 더 중요하게 여긴다.

"괜찮지 않아."

"나는 이게 불편해."

"사실은 그때 슬펐어."

이런 말들이야말로 나를 나답게 만들어준다.

감정의 언어는 오직 나만이 할 수 있는 표현이다. 남이 대신 말해줄 수 없고, 대신 짊어질 수 없는 고유한 나의 영역이다. 침묵은 쉽게 평화를 주지만, 그 평화는 오래가지 않는다. 억눌린 감정은 반드시 다른 방식으로 튀어나온다. 분노로, 무기력으로, 자책으로, 혹은 냉담한 반응으로.

표현하지 않은 감정은 내면을 병들게 하고, 결국 나 자신을 고갈시킨다. 나는 이제 생각한다. 진짜 자유는 나를 숨기지 않는 데서 시작된다고. 내가 나의 생각을 말하고, 나의 감정을 인정하며, 나만의 언어로 세상과 소통할 때 비로소 자유로워진다고. 때로는 침묵해야 할 때가 있지만 지속적인 침묵은 자기부정이다. 우리는 표현함으로써 세상에 신호를 보낸다.

"나는 여기 있다."

"이것이 나다."

"이렇게 느낀다."

그 신호가 누군가에게 가닿을 때, 우리는 존재의 외로움으로부터 벗어날 수 있다.

표현은 또한 책임이다. 내가 꺼낸 말은 내 존재를 세상에 던지는 일이기에 그만큼 무게감이 있다. 나는 그 무게를 감당하려고 한다. 감당함으로써 성장할 수 있기 때문이다. 말하지 않으면 아무 일도 일어나지 않는다. 나를 바꾸지도, 타인을 바꾸지도, 세상을 바꾸지도 못한다. 그러나 내가 말을 꺼내는 순간, 변화를 위한 작은 진동이 시작된다.

이제 나는 내 감정을 말하는 것을 두려워하지 않는다. 거절당할 수 있다. 오해받을 수 있다. 하지만 그보다 더 두려운 것은 나를 숨긴 채 평생 타인의 기대에 맞춰 살아가는 일이다. 타인의 인정을 얻기 위해 침묵하는 삶은 결국 내 안의 목소리를 죽인다. 나는 더 이상 그런 삶을 살고 싶지 않다.

당신도 말하라. 서툴러도 좋다. 어색해도 괜찮다. 중요한 것은 그 표현이 당신을 지킨다는 사실이다. 당신이 꺼낸 말은 당신을 사라지지 않게 만든다. 표현은 삶의 방향을 바꾸고 존재의 흔적을 남긴다. 표현하지 않으면 나는 사라진다. 하지만 표현하면 나는 존재하게 된다. 그것이 바로 진정한 자유다.

Self-Question
나에게 물어본다

'단지 두렵다는 이유로 내 감정을
표현하는 걸 포기한 적이 있었나?'

실패는 앞으로
나아가고 있다는 신호다

나는 완벽을 추구하는 사람이었다. 실수를 극도로 꺼렸고, 틀리는 것이 두려워 입을 다물곤 했다. 내가 어떤 주장을 할 때 그것이 반박당할까 봐 조바심을 냈고, 내가 한 행동이 비난받지 않을까 전전긍긍했다. 그런데 시간이 흐를수록 알게 되었다. 내가 두려워하던 그 모든 '결함'이야말로, 나를 단단하게 만들어주는 본질이었다는 것을.

우리는 실패 앞에서 쉽게 위축된다. 부족함을 들키

지 않으려 애써 자신을 숨긴다. 그러나 불완전함이 없
다면 성장도 없다. 나는 이제 그렇게 믿는다. 인간은
태생적으로 불완전한 존재이며 바로 그 불완전함이
우리에게 변화와 배움의 여지를 제공한다. 완전한 존
재는 더 이상 배울 것이 없고, 완전한 시스템은 더 이
상 고칠 것이 없다. 그러니 실패와 실수는 결코 부끄러
운 것이 아니다. 그것은 살아 있다는 증거이며 앞으로
나아가고 있다는 신호다.

　나는 철학자로서 수많은 질문을 던졌고, 또 수없이
틀렸다. 나의 주장은 언제나 논쟁의 대상이었고, 어떤
글은 격렬한 비판을 받기도 했다. 그 모든 과정이 나를
지치게 했지만, 동시에 나를 키워주었다. 비판이 없었
다면 나는 더 깊이 있게 사고하지 못했을 것이다. 실수
가 없었다면 나는 내 주장의 취약함을 발견하지 못했
을 것이다. 완전하지 않았기에, 나는 더 나은 방향으로
나아갈 수 있었다.

　정말 자유로운 사람은 완벽보다 진실을 추구한다.
자신의 약점을 숨기지 않고 불완전함을 있는 그대로
인정한다. 오히려 그것을 발판 삼아 앞으로 나아가려

한다. 나는 이것이 진짜 용기라고 생각한다. 많은 사람들이 '완벽한 삶'이라는 이미지를 추구한다. 남들에게 자신의 빛나는 모습을 보여주기 위해 신경 쓰느라 내면에 드리운 그림자는 외면한다. 성공하기 위해 애쓰는 과정에서 느낀 실패와 좌절의 경험을 있는 그대로 인정하기보다는 부끄러워한다. 나는 그들에게 이렇게 말하고 싶다.

"실수해도 괜찮아. 실패했다고 해서 당신이 잘못된 존재는 아니야."

당신은 지금도 충분히 가치 있는 사람이고 오히려 그 불완전함 덕분에 더 깊은 인간이 될 수 있다. 진짜 자유란 불완전한 내 모습을 있는 그대로 인정하는 데서 시작된다. 내가 나를 부끄러워하지 않을 때, 나는 비로소 외부의 시선에서 자유로워진다.

불완전함은 또한 스스로를 겸손하게 만든다. 나는 내가 가진 철학이 완벽하다고 생각한 적이 없다. 언제나 열려 있어야 하고 언제나 수정 가능하다고 믿는다.

나의 생각이 절대적이지 않다는 전제를 깔면 저절로 타인의 의견을 존중하게 된다. 완벽을 추구하는 대신 미완성의 상태를 있는 그대로 받아들이게 된다. 실패해도 그것을 당연한 과정으로 인식하게 된다. 이렇게 새로운 생각을 언제든 받아들이는 자세를 가져야 성장할 수 있다. 물론 그 과정에서 뼈아픈 고통을 느낄 수도 있지만 그 고통은 나를 더 나은 사람으로 만든다.

당신 역시 뼈아픈 실수를 하고 나서 자책한 적이 있을 것이다. 또는 실패의 경험 때문에 자신감을 잃은 적도 있을 것이다. 그러나 당신이 겪은 그 모든 일들은 당신을 무너뜨리기 위해 일어난 게 아니다. 그 경험들은 당신을 단단하게 하기 위해 인생이 주는 훈련의 기회다. 중요한 것은 실수나 실패가 아니라, 그것을 받아들이는 당신의 태도다.

자기계발이란 자기 착취가 아니다. 더 나은 사람이 되겠다는 다짐이 곧 스스로를 몰아붙이는 이유가 되어서는 안 된다. 나는 자기 수용이야말로 자기계발의 출발점이라고 믿는다. 내가 불완전하다는 사실을 인정할 때, 나는 더 이상 나를 꾸며낼 필요가 없다. 꾸며

내지 않아도 괜찮은 상태. 그것이 바로 내가 추구하는 자유다. 그래서 나는 이제 약점을 숨기지 않으려 한다. 약점은 오히려 나의 인간적인 면을 보여준다. 나는 실수할 수 있다. 나는 틀릴 수 있다. 나는 넘어질 수 있다. 그러나 그 모든 순간에도 나는 여전히 '내가 되어가고 있는 중'이다. 완성되지 않았다는 것은 가능성의 다른 이름이기도 하다. 그래서 나는 매일 조금씩 성장하는 내가 좋다.

당신도 그랬으면 한다. 당신은 충분히 괜찮은 사람이고, 지금도 계속 괜찮아지고 있는 중이다. 실패를 겪었다면 그것은 당신이 시도했다는 증거이고, 실수했다면 그것은 당신이 새로운 길을 탐색했다는 신호다.

당신은 완벽하지 않아도 된다. 다만 그 불완전함 속에서 자신을 믿을 수 있다면 당신은 이미 자유로운 사람이다. 그러니 주저하지 마라. 틀려도 괜찮다. 넘어져도 괜찮다. 모든 것은 성장의 과정이다. 불완전함은 결코 결핍이 아니다. 그것은 당신이 끊임없이 나아가고 있다는 가장 인간적인 증거다. 그리고 그 인간다움이야말로 우리 모두가 간직해야 할 가장 고귀한 가치다.

Self-Question
나에게 물어본다

‘내가 완벽한 인간이어야 할
이유가 있을까?’

11강

자신의 생각을 의심하는 순간 지혜가 시작된다

나는 생각이라는 것이 언제나 옳을 수 없다는 점을 오래전부터 알고 있었다. 그런데 많은 사람들이 자신의 생각을 마치 절대 진리인 양 받아들인다. 마치 그것이 태어날 때부터 옳았던 것처럼, 단 한 번도 의심하지 않고 살아간다. 나는 그런 태도에 깊은 우려를 느낀다. 왜냐하면 진리는 고정된 것이 아니라 지속적으로 살아 움직이는 개념이기 때문이다.

누군가 전혀 엉뚱한 의견을 말할지라도 그것은 기

존의 사고방식을 다시 한번 점검할 수 있게 해준다는 것만으로도 충분히 의미가 있다. 이는 우리가 어떤 개념을 받아들이기 전에 반드시 반대되는 주장도 함께 살펴봐야 한다는 뜻이다. 스스로의 생각을 의심하지 않는다면 그 생각이 진실인지 착각인지조차 판단할 수 없다. 언제나 재검토하고 수정하지 않으면 퇴색되는 것이 진리의 속성이기 때문이다. 나는 묻고 싶다.

'마지막으로 내가 갖고 있던 확신을 의심했던 적이 언제였는가?'
'내가 믿고 있던 가치를 뒤흔드는 질문을 받아본 적은 있는가?'

지금 당신의 머릿속을 지배하는 생각들 중 스스로 사고해서 판단한 것이 과연 얼마나 되는지 가늠해보라. 어쩌면 그것들 대부분은 사회나 교육, 부모가 주입한 '정답'에 불과하지는 않은가?

의심은 불안을 동반한다. 그러나 그 불안이야말로 성찰의 문이다. 의심 없는 확신은 독선을 낳고, 독선은 결국 폭력으로 이어질 수 있다. 나는 확신보다 의심을 더 신뢰한다. 왜냐하면 의심하는 사람은 늘 새로운 것을 배울 준비가 되어 있으며 스스로의 무지를 인정하는 용기를 갖고 있기 때문이다.

물론 이것을 '자기 검열'이라고 표현한다면 얼마나 무겁게 들릴지 잘 알고 있다. 그러나 이 말을 '자기 성찰'이라고 바꿔서 생각해보자. 자기 생각을 거울처럼 비추어보고, 반대 입장에서 사고해보는 것은 성숙한 인간이 되기 위한 필수 조건이다. 다른 생각이 아니라 틀린 생각을 하면서도 스스로가 틀렸다고 생각하지 않는 사람들이 많다면 우리 사회는 끊임없이 같은 오류를 반복할 것이다.

자유로운 사회에는 다양한 의견이 공존한다. 그리고 그 다양한 의견 속에서 우리는 '내 생각이 항상 옳은 것만은 아니다'는 사실을 배운다. 당신은 이런 태도를 받아들일 수 있는가? 누군가 당신의 가치관에 이의를 제기할 때, 감정적으로 반응하는 대신 그 반론을 진지하게 검토할 의지가 있는가?

진짜 지성은 자기 생각을 지키는 데 있지 않다. 오히

려 그 생각이 무너질 수도 있다는 사실을 받아들이고, 사고를 다시 조립하는 데 있다. 내가 알고 있는 진리를 지키기 위해 투쟁하는 것보다 더 중요한 건 진리의 다양한 가능성을 배제하지 않는 태도다.

자신의 생각을 의심하는 습관은 개인에게도 사회에게도 구원의 길이 될 수 있다. 확신은 정체되지만, 의심은 발전을 가능케 하기 때문이다. 당신이 갖고 있는 가치관 중 확고부동한 것이 있는가? 만약 있다면 그것을 의심해볼 준비가 되어 있는가?

우리가 진정으로 자유로운 존재가 되기 위해서는, 스스로에게 끊임없이 질문을 던질 수 있어야 한다.

'이 생각은 정말 내 생각인가?'
'나는 무엇을 근거로 이 결론에 도달했는가?'
'나와 다른 생각은 어떤 관점에서 이야기하고 있는가?'

이런 질문들 속에서 자신만의 철학이 재탄생한다. 자신의 생각을 의심하는 것은 스스로를 배신하는 일이 아니다. 오히려 스스로에게 충실한 행위다. 그 과정

이야말로 진짜 자신의 생각을 창조해내는 과정이기
때문이다.

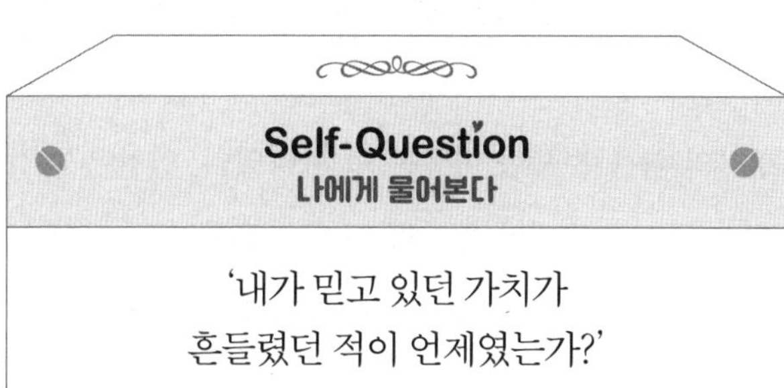

12강

타인을 인정하는 것은 자기 확장의 기회다

나는 언제나 다름의 가치를 믿었다. 나와 다른 생각, 나와 다른 라이프스타일, 나와 다른 취향과 선택들. 그것들은 나를 위협하는 것이 아니라, 나를 성장시키는 기회를 만들어주었다. 내가 표현의 자유를 지지하고, 개인의 삶을 존중한 이유는 단 하나였다. 인간은 다양한 모습으로 존재할 권리가 있기 때문이다. 그리고 그 다양성은 인간 정신의 본질적인 조건이었다. 그런데 당신은 혹시 '다름'을 두려워하지 않았는가?

우리는 종종 자신과 전혀 다른 사람을 보면, 본능적으로 경계한다.

나와 다른 정치 성향, 종교, 라이프스타일, 외모, 성격을 가진 사람을 무의식적으로 피한다. 왜일까? 그것은 교육 때문이기도 하고, 오랜 문화적 관습 때문이기도 하다. 그러나 더 근본적인 이유는, '다름'이 나의 세계를 흔들까 봐 불안하기 때문이다. 하지만 나는 말하고 싶다. 다름은 결코 위협이 아니다. 오히려 동일함만을 추구하는 사회야말로 진짜 위태롭다.

모든 사람이 똑같은 생각을 하면 진리는 탁해지고 만다. 인간이란 본능적으로 자신과 다른 의견이 존재해야만 스스로의 방식을 되돌아본다. 또 타인이라는 존재가 있어야만 자신의 정체성을 확립하고 자신이 선택한 길을 걸어갈 힘을 얻는다.

그러므로 나와 다른 타인을 인정하는 일은 단순한 배려가 아니라 자기 확장의 기회다. 우리는 타인의 다름을 받아들일 때 스스로를 더 깊이 이해하게 된다. 그런 의미에서 보면 다름은 거울과 같다. 당신은 그 거울을 통해 자기 자신의 모습뿐 아니라 타인을 관찰할 수 있다.

우리 사회는 종종 '정상'이라는 이름으로 획일적인 기준을 강요한다. 다름을 수용하기보다는 틀렸다고 단정 짓고 배제한다. 그러나 나는 단언한다. 다수의 목소리가 언제나 옳은 것은 아니다. 사회적 합의라는 이름 아래 진리는 때로 묵살되며, 창의성과 개성은 쉽게 억압당한다. 다수가 만들어낸 규범과 다른 의견을 내는 사람들을 향해 '이상하다', '문제 있다'는 낙인을 찍을 때, 사회는 점점 폐쇄적인 구조로 변해간다. 그리고 그 끝은 질식이다. 누구도 숨 쉴 수 없는 동일함이라는 감옥에 갇히고 만다.

'당신은 혹시 나와 의견이 다르다는 이유만으로 누군가를 틀렸다고 규정한 적이 있지 않은가? 혹은 당신의 의견을 사람들이 받아주지 않아 고통받았던 적은 없는가?'

나는 말하고 싶다. 다르다는 건 틀린 게 아니다.

다르다는 건 그 자체로 존재의 방식 중 하나이다. 그리고 다양성이야말로 인간 사회의 생명력이다. 오늘 내가 '다른 의견'에 불편함을 느꼈을지라도, 언젠가는 그 의견이 나에게 큰 통찰을 안겨줄 수도 있다.

나는 다양한 철학적 사조와 시대적 담론 속에서 나와 다른 생각을 수없이 마주했고, 때로는 받아들이기 어려운 관점을 견뎌야 했다. 하지만 그런 갈등이 있었기에 나의 철학은 자라날 수 있었다. 생각이 같으면 발전할 수 없다. 부딪힘이 있어야 사고는 정교해지고, 다른 길이 있다는 걸 발견할 수 있다. 우리는 타인을 억누를 것이 아니라 그들의 이야기를 들어야 한다. 진짜 자유는 모든 다른 존재가 공존할 수 있는 조건에서 비롯된다.

나는 다수가 소수를 억압하는 위험에 대해서 누차 경고했다. 다수의 횡포는 전제 정치보다 더 교묘하고, 더 강력할 수 있다. 그것은 법이 아닌 사회적 시선과 도덕이라는 이름으로 작동하며 개개인의 삶을 지배한다. 당신이 지금 어떤 옷을 입고 어떤 말을 하며 어떤 생각을 하는지도 어쩌면 그 시선의 결과일 수 있다. 이 관점에서 보면 당신과 나는 지금 이 순간에도 사회로부터 조율당하고 있는 것이다. 그러므로 다름을 인정하지 않는 태도는 단순한 차별을 넘어서, 인간을 본질적으로 질식시키는 폭력이다.

당신은 어떤 사람인가? 지금 당신의 사고방식 중 어느 정도까지가 당신 고유의 것인가? 또 어느 정도까지가 사회의 기준에 따라 조정된 것인가? 당신에게는 타인의 다른 가치관을 있는 그대로 수용할 용기가 있는가? 나의 철학은 어찌 보면 단순하다. 인간은 자신만의 삶을 실험할 수 있어야 한다. 그 실험이 실패로 끝날지라도 그것은 그 사람의 몫이다. 우리는 서로 다른 배경, 성격, 꿈을 가지고 있다. 그러므로 동일한 삶의 해법은 존재하지 않는다.

다름을 허락하는 사회는 유연하다. 유연한 사회는 창의적이다. 그리고 창의적인 사회는 살아 움직인다. 각자의 고유함이 인정받을 때, 사회는 단단한 기반 위에 서게 된다. 억압이 아닌 존중, 동일함이 아닌 다양성이 사회의 주류 가치관으로 자리 잡을 때, 우리는 진정한 의미의 자유를 경험하게 된다. 나는 그런 사회를 꿈꾼다. 그리고 지금, 당신에게 묻고 싶다. 당신은 얼마나 '다름'을 허락하는 사람인가? 특히 강자 앞에서 그와 다른 생각을 말해본 적이 있는가? 혹은 당신보다 사회적 계급이 낮은 사람에게 다른 의견을 허락하고 있는가?

진짜 자유는 타인의 존재 방식과 목소리를 묵살하지 않는 데서 시작된다. 다름을 허용하지 않는 사회는 결국 사람들의 영혼을 갉아먹는다. 당신은 과연 어떤 사회를 만들고 싶은가?

Self-Question
나에게 물어본다

'나는 강자 앞에서 그와 다른 생각을
말해본 적이 있는가? 혹은 나보다
사회적 계급이 낮은 사람에게
다른 의견을 허락하고 있는가?'

13강

자기 생각이 없는 사람일수록 통념에만 의지한다

사람들이 어떤 의견을 따르는 가장 주된 이유 중 하나는 의외로 단순하다.

'예로부터 그래왔다.'

이 말은 얼핏 들으면 안정감을 주지만, 사실은 스스로 사고하는 일을 포기할 때 손쉽게 쓰는 방패이기도 하다. 나는 이 말을 들을 때마다 그것이 담고 있는

힘이 얼마나 큰지, 그리고 동시에 얼마나 위험한지 생
각하지 않을 수 없었다. 통념은 언제나 다수의 편에
서 있기 때문에 쉽게 의심받지 않으며, 바로 그 점 때
문에 사람들은 스스로 판단하는 대신 관습적으로만
행동한다.

어떤 집단이나 공동체든 오래전부터 이어져 내려왔
다는 이유 하나만으로 반복되는 관습이나 의식이 있
다. 대개의 사람들은 그 의미가 뭔지, 왜 그 관습을 반
복해야 하는지에 대해 생각하지 않는다. 나는 그런 모
습을 볼 때마다 사람들이 진정 자신의 신념대로 살고
있는지 아니면 생각하는 게 귀찮아서 그저 관습에 기
대고 있는지 의문이 든다. 질문하지 않으면 생각은 멈
춘다. 생각을 멈추면 자연스럽게 통념이 자리를 차지
한다.

어떤 집단에서 특정 의견이 빠르게 퍼져나갈 때도
마찬가지다. 처음에는 하나의 주장에 불과했던 것이
확신 가득한 말투로 반복해서 전해지면 마치 '누구나
알고 있는 상식'처럼 굳어진다. 그 과정에 제대로 된
근거도 논증도 없다는 것이 중요하다. 그저 많은 사람

의 입을 거쳐 반복되었다는 사실만 있을 뿐이다. 나는 그런 사례를 볼 때마다 어떤 가치관이든 충분한 논증과 사고를 거치지 않으면 그저 오래된 습관으로 전락한다는 사실을 깨닫곤 했다.

예전에 어떤 모임에서 이런 모습을 본 적이 있다. 한 사람이 어떤 방법에 대해 '안전하다'고 말하자, 나머지 사람들은 그것이 실제로 안전한지 따져보지도 않은 채 자연스럽게 받아들였다. 이유는 단순했다. '늘 그렇게 해왔기 때문'이었다. 나는 그 순간 사람들이 따르는 것은 안전함이 아니라, '생각하지 않아도 되는 편안함'일지도 모른다는 생각이 들었다. 통념은 책임을 면제해주는 가장 손쉬운 도구다. 스스로 판단하면 결과에 책임을 져야 하지만, 통념을 따르면 내가 책임지지 않아도 된다. 바로 이것이 사람들이 통념에 기대는 이유 중 하나다.

어떤 사람들은 개인적인 취향조차 스스로 선택하지 못한다. 어떤 물건을 선택할 때, 어떤 행동을 결정할 때, 자신의 느낌이나 판단보다 주변 사람들의 선택을 먼저 살피는 것이다. 많은 사람들이 그런 선택을 이미

했다는 사실만으로 그것이 올바른 선택이라고 믿으려한다. 나는 당신이 스스로에게 이렇게 질문해보기를권한다.

'나는 정말 내가 원하는 것을 선택하는 편인가, 아니면 나의 선택을 다수의 타인에게 맡기는 편인가?'

이 질문은 단순히 기호의 문제라기보다는 스스로가판단의 주체인지 여부를 판가름하는 기준이다. 사유를 포기한 사람은 통념을 자신의 언어처럼 사용한다.그들은 자신이 어떤 이유로 그것을 믿게 되었는지 설명하지 못한다. 그저 "원래 그런 것이다", "다들 그렇게한다"는 말로 자위할 뿐이다. 그러나 이런 식의 자기확신은 본질적으로 공허하며, 어떤 새로운 가능성도열어주지 않는다.

물론 통념은 틀릴 수도 있지만 옳을 수도 있다. 문제는 그것을 따르는 사람이 왜 그것을 믿는지 알지 못하기 때문에 일어난다. 이해 없는 수용은 생각하는 힘을억압하고, 생각하는 힘이 약해지면 결국 개성이 없어진다. 일반적인 상식, 통념을 무조건적으로 따르기만 하면 자기 판단 능력과 삶의 주도권을 조금씩 갉아먹는다는 사실을 기억해야 한다.

나는 살아오면서 자기 생각이 없는 사람일수록 통념에 집착한다는 사실을 깨닫게 되었다. 남의 목소리를 빌려 사는 사람, 타인의 욕망이 내 욕망이라고 착각하며 사는 사람들은 스스로가 뭘 좋아하는지 자각하지 못한다. 스스로에게 이 질문을 해보자.

'나는 내가 뭘 좋아하고 뭘 싫어하는지 정확히 파악하고 있는가?'

이 질문은 통념의 장막을 걷어내는 첫걸음이다. 스스로 생각하고 판단하는 순간, 당신은 다수의 판단이 아니라 나 자신의 판단을 삶의 기준으로 삼을 수 있다. 그런 사람만이 진정한 의미에서 자유로운 개체라 말할 수 있을 것이다.

Self-Question
나에게 물어본다

‘나는 내가 뭘 좋아하고 뭘 싫어하는지
정확히 파악하고 있는가?’

14강

틀린 주장에도
어느 정도의 진리는
들어 있다

논쟁이 벌어지는 자리에 서면 언제나 비슷한 경험을 한다. 대개의 사람들은 자신의 주장을 관철하면서 상대의 의견은 처음부터 잘라내려고 애쓴다. 그런데 나는 매번 그럴 때마다 한 가지 중요한 사실에 눈길이 갔다. 그것은 겉보기에는 완전히 엉터리 같은 주장일지라도, 그 안을 한 단계 더 들여다보면 쉽게 무시할 수 없는 어떤 진리가 숨어 있다는 사실이다. 나는 그 진리의 조각들이 드러나는 과정을 여러 차례 목격했고 그 경험은 사물을 '옳고 그름'으로 판단하던 나의 기준을 완전히 뒤바꿔놓았다. 누구의 말이든 그것이 100% 진리인 경우는 거의 없으며, 그와 반대로 전혀 진리가 담겨 있지 않은 말 또한 거의 없다는 사실이 더 분명히 보이기 시작했다.

어떤 토론 장면을 상상해보자. 어떤 사람이 새로운 제도가 반드시 필요하다고 주장한다. 그리고 또 다른 사람은 그 제도가 가져올 혼란과 위험에 대해 경고하며 강력하게 반대한다. 표면적으로만 보면 둘 중 하나는 옳고 다른 하나는 틀린 것처럼 보인다. 하지만 이 두 입장은 현실적으로 전혀 다른 두 측면을 그대로 말해주고 있다.

새로운 제도를 도입하자는 주장은 변화의 필요성을, 반대하는 주장은 그 변화가 초래할 부작용을 분명하게 드러내고 있는 것이다. 이때 어느 한쪽의 주장만 남고 반대하는 쪽의 목소리가 완전히 사라지면 사회는 결국 한 방향으로 기울어지고 그 흐름은 대체로 돌이키기 어려운 문제를 낳는다. 이 때문에 나는 불완전하거나 완전히 틀린 주장일지라도 그 사회에 필요한 역할이 있다고 이야기한 것이다. 그 엉터리 주장 속에 들어 있는 작은 진실의 조각 하나가 문제를 해결할 열쇠일 수도 있기 때문이다.

학문의 세계에서도 이 원리는 똑같이 적용된다. 예를 들어 어떤 연구자가 지나치게 단순화된 모델을 제시하면 많은 이들이 그를 비판한다. 그러나 바로 그 단순함 때문에, 기존 연구가 놓쳤던 핵심 변수가 도드라지기도 한다. 반대로 지나치게 복잡한 이론을 내세우는 연구자는 '현실성이 부족하다'는 지적을 받지만, 그 복잡한 구조 속에서 새로운 가설이 탄생하기도 한다. 이것은 특정한 개인의 성공이나 실패를 말하는 것이 아니다. 학문이 발전하는 구조적 메커니즘을 말하는 것이다.

새로운 이론이 나타나 기존의 이론이 갖고 있는 모순을 드러내야 더 넓은 통찰력이 생길 수 있다. 이것은 진리의 속성이다. 진리는 한 사람의 손에서 완성되는 것이 아니라 수많은 오류와 반론과 반대 의견이 부딪히는 과정을 통해 조금씩 선명해진다.

우리 주변에서도 이 같은 현상을 어렵지 않게 발견

할 수 있다. 이를테면 부모는 자식이 안정된 직업을 갖기 바라고 자식은 자신의 열정을 좇아 불안정한 길을 선택하는 경우가 있다. 부모의 의견에는 그들이 살면서 터득한 지혜가 담겨 있고, 자식의 의견에는 미래를 향한 생동감과 창의적 욕망이 담겨 있다. 어느 한쪽도 완전히 옳거나 그른 게 아니라 두 의견 모두 일리가 있다.

양쪽이 상대방의 의견을 묵살하지 않고 충분히 들어줄 때 더 균형 잡힌 선택을 할 수 있다. 그러나 부모가 자식에게 "철없다"는 말로 일축하거나, 자식이 부모를 "구식이다"라고 무시하면 양쪽은 대화를 통해 그 어떤 배움도 얻을 수 없다. 이런 태도는 매우 위험하다. 상대의 의견을 원천 봉쇄하면 나 역시 그 사람에게서 배울 수 있는 기회를 스스로 버리는 셈이기 때문이다.

나는 지금까지 세상을 살아오며 사람들의 의견이 부분적으로는 옳고 또 부분적으로는 그를 수 있다는 확신을 갖게 되었다. 사람들은 저마다 자신이 서 있는 자리에서 세상을 보기 마련이다. 그러므로 서로 다른 자리에 선 두 사람은 서로 다른 진리의 조각을 보게 된다.

그 조각들을 합쳐놓아야만 비로소 전체 그림을 관망할 수 있다.

그렇게 하지 않고 모든 사람이 같은 말만 하기를 원하거나 불편하다는 이유로 소수 의견을 억누른다면 그 사회는 균형을 잃고 한쪽으로 크게 기울어진다. 다양성은 혼란처럼 보이지만, 실제로는 복잡한 사회가 방향을 잃지 않도록 붙잡아주는 장치다. 나는 다양성이야말로 자유로운 사회의 핵심이라고 강조하고 싶다.

내 의견이 틀릴 수 있는 것처럼 상대방의 의견이 완전히 틀린 게 아닐 수도 있다.

이 진리를 받아들이기 시작하면 대화는 논쟁이 아니라 학습할 기회의 장이 된다. 우리는 어떻게 하면 상대의 의견을 반박할까에 집중하는 게 아니라 어떻게 하면 상대방의 의견에서 내가 배울 게 있을까에 집중하게 된다. 이때의 배움은 기존의 확신을 강화하는 게 아니라 내가 갖고 있는 확신의 허점을 확인하는 과정에서 이루어진다.

나는 이제 누군가의 의견을 들을 때, 그 말이 옳은지 그른지에 대해 판단하지 않으려 노력한다. 그 대신 그 의견이 어떤 현실을 반영하고 있는지를 먼저 살펴보려 한다. 그것이 진리에 가까이 갈 수 있는 가장 현명한 태도라고 믿기 때문이다.

인간은 아름다운 종이지만 불완전한 존재다. 나도 그리고 이 글을 읽고 있는 당신도 스스로 불완전하다는 걸 인정해야 한다. 아무리 옳은 말도 그 안에 오류를 품고 있고, 아무리 틀린 말도 그 안에 진리가 들어 있다. 그러므로 의견 충돌은 너무나 당연한 것이다. 갑론을박하는 과정은 혼란이 아니라 진리를 향해 나아갈 때 겪어야 할 당연한 과정이다. 나와 다른 의견에서 무엇을 배울 수 있을지에 집중해보자. 그렇게만 하면 당신의 세계는 훨씬 더 넓어질 것이다.

Self-Question
나에게 물어본다

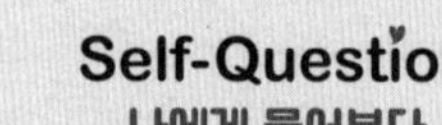

'나와 의견이 다른 사람들로부터
나는 어떤 점을 배울 수 있나?'

자유는 가까스로 얻어지는 능력이다

자유란 무엇인가. 나는 오랫동안 이 질문 앞에 머물러 있었다. 사람들은 너무나 쉽게 자유란 '내가 하고 싶은 대로 하는 것'이라고만 생각한다. 그러나 나는 이런 생각이 얼마나 위험한지, 얼마나 얄팍한 것인지에 대해 말하고 싶다.

자유란 욕망을 있는 그대로 방치하는 것이 아니다. 진정한 자유는 스스로에게 책임을 지는 태도가 선행돼야 한다. "그냥 하고 싶었을 뿐"이라는 말로 책임을 회피한다면 그것은 자유가 아니라 방종에 불과하다.

나는 늘 개인의 자유를 최대한 존중해야 한다고 주장했다. 그러나 이 주장에는 중요한 전제가 깔려 있다. 바로 '타인의 자유를 침해하지 않는 한'이라는 전제 조건이다. 이것은 단순한 제약이 아니라 자유라는 가치를 지켜주는 필수적인 토양과 같다. 자유로운 사회를 만들기 위해서는 개개인이 자신의 자유에 책임을 질 수 있어야 한다.

당신은 지금 어떤 자유를 누리고 있는가? 그리고 그 자유에 대해 얼마나 책임질 준비가 되어 있는가? 우리는 종종 자유를 권리로만 인식한다. 그러나 권리만 있고 책임이 없다면 그 자유는 조만간 다른 누군가의 권리를 침해하게 된다.

나는 자유를 말할 때, 반드시 그에 따르는 윤리적 책임도 함께 언급해야 한다고 믿는다. 책임 없는 자유는 결국 타락을 부른다. 자신의 선택에 대해 반성하지 않는 자유, 결과를 타인에게 전가하는 자유. 이 같은 자유는 스스로를 파괴할 뿐 아니라 공동체를 위협한다. 자유는 철저히 자기반성적인 태도 위에 세워져야 한다.

당신이 오늘 어떤 선택을 했고, 그 선택이 누군가에게 어떤 영향을 미쳤는지를 성찰하는 과정이 자유를 진정한 것으로 만든다.

나는 자유로운 사회를 꿈꿨다. 그러나 그 사회는 모든 사람이 자기 욕망만을 추구하는 공간이 아니다. 진짜 자유로운 사회는 구성원 각자가 자신의 욕망을 통제하는 성숙한 주체가 되어야만 가능한 곳이다.

그런 의미에서 나는 자유를 고귀한 미덕이자 노력을 통해 얻어내는 능력이라고 생각한다. 아무나 누릴 수 있는 권리가 아니라, 끊임없는 훈련과 성찰을 통해 가까스로 얻어지는 능력이라는 말이다.

우리는 흔히 타인의 억압이나 외부의 제약만을 자유의 적으로 여긴다. 그러나 진짜 자유의 적은 내부에 있다. 나태함, 자기중심성, 무책임함. 이런 태도들이야말로 자유를 왜곡시키고, 방종으로 몰아간다. 자유는 외치는 것이 아니라, 살아내는 것이다. 그 삶에는 늘 책임과 상처가 따른다.

자유의 대가로 상처받은 만큼, 책임지는 만큼 인간은 더 성숙해지며, 이는 곧 더 나은 사회로 이어진다.

나는 타인의 간섭 없이 스스로 판단하고 행동할 수 있는 능력이 인간의 가장 위대한 자질 중 하나라고 믿었다. 그렇기에 그러한 능력은 끊임없는 반성과 자기 규율을 통해 다듬어져야 한다. 그 과정은 고통스럽지만, 인간을 더욱 온전한 존재로 만든다.

나는 또한 모든 자유에는 타인에 대한 존중이 깔려 있어야 한다고 믿는다. 타인의 권리와 존엄을 해치지 않으면서도 자신의 자유를 누릴 수 있는 태도. 이것이 성숙한 인격을 만든다.

내가 상상하는 이상적인 사회는 구성원 각자가 자기 자신을 통제할 수 있는 사람들로 이루어진 곳이다. 그것이 민주주의의 본질이며, 진정한 의미의 자유 사회가 지향해야 할 방향이지만 이는 모두가 노력하지 않으면 쉽게 얻을 수 있는 것이 아니다.

당신은 자유로운 삶을 원하는가? 그렇다면 오늘 하루 동안 당신이 했던 말과 행동을 떠올려보라. 혹시 누군가를 불편하게 하지는 않았는지, 무책임하게 내뱉은 말은 없었는지 생각해보자. 이렇게 습관적으로 자기를 점검한다면, 당신은 점점 더 자유로운 존재가 될 것이다.

자유는 완성되거나 고정된 상태가 아니다. 매 순간 스스로에게 되묻고 점검하며 나아가는 과정이 있을 뿐이다.

진정한 자유는 '무엇이든 할 수 있는 상태'가 아니라, '무엇이든 할 수 있지만 하지 않는 것'을 선택하는 지혜에서 비롯된다. 그 지혜를 갖춘 사람들이야말로 자유의 참된 주인이다.

나는 지금까지 국가나 사회가 개인의 자유를 침해해서는 안 된다고 여러 번 강조했다. 또한 그와 더불어서 개인이 그 자유를 오용하지 않도록 스스로 절제해야 한다는 점도 강하게 이야기한 바 있다. 이때 절제는 내면의 성찰에서 비롯되어야 한다. 그것이 자유를 품위 있게 지키는 길이다.

'지금 이 글을 읽고 있는 당신은 어떤 자유를 누리고 있는가?'

'그 자유는 스스로에게 떳떳한가?'

'혹시 당신이 누리는 자유가 누군가에게 상처가 되지는 않

있는가?'

　이 질문 앞에서 불편해지는 것은 어쩌면 너무나 당연한 일이다. 그러나 그 불편함이야말로 진정한 자유를 만드는 시작이다. 자신이 누리는 자유에 대해 책임지는 사람들이 많아질수록 사회는 성숙해진다. 타인을 배려하는 문화가 정착되고 다른 의견에 대해 존중하는 자세가 미덕으로 자리 잡는다. 그러므로 결국 자유란 나 하나가 잘사는 문제가 아니라, 공동체에 속한 사람들이 더불어 살아가는 방식에 대한 이야기다. 그래서 나는 다시 한번 강조하고 싶다. 자유는 공짜가 아니라 노력을 통해 가까스로 얻어내는 능력이라고. 누구나 가까스로 자유를 얻고 가까스로 인간이 된다.

Self-Question
나에게 물어본다

'내가 누리는 자유가 누군가에게
상처가 되지는 않았는가?'

16강

타인의 삶을
흉내 내는 것만으로는
결코 행복해질 수 없다

내가 관찰한 바에 따르면 내 주변에도 적지 않은 사람들이 자신의 삶이 아닌 타인의 삶을 흉내 내며 살아가고 있다. 유명인의 삶을 동경하여 그의 방식을 그대로 따라 하는 사람, 사회가 정해놓은 '성공한 인생'이란 틀에 자신을 억지로 끼워 맞추려 애쓰는 사람. 나는 그런 사람들을 보며 종종 안타까움을 느꼈다.

왜 사람들은 이렇게 남의 삶을 따라 하는 걸까? 그 길이 이미 검증되었고, 실패할 확률이 적어 보이기 때문일까? 혹은 그 삶이 더 나아 보이기 때문일까? 이유가 무엇이든 나는 확신한다. 남의 삶을 흉내 내는 것만으로는 결코 진정한 행복에 이를 수 없다. 왜냐하면 그 삶은 내 것이 아니기 때문이다.

인간은 누구나 자기 삶을 실험할 권리가 있다. 삶은 단 하나의 정답이 존재하는 수학 문제가 아니다. 정답이 정해져 있지 않기에, 우리는 스스로의 힘으로 자신만의 라이프스타일을 찾아가야 한다. 다른 누군가의 해법을 답안지에 옮겨 적는다고 해서 그것이 내 것이 되는 것은 아니다.

당신이 지금 하고 있는 일, 살아가는 방식은 온전히 스스로의 선택인가? 아니면 누군가의 기준에 맞춘 것인가? 이것이 정말 내가 원하는 삶의 방식인지에 대해 진지하게 고민해본 적이 있는가?

비슷한 외양, 비슷한 옷차림, 비슷한 말투, 심지어 비슷한 꿈까지. 우리는 모두 같은 공장에서 찍혀 나온 듯 살아가고 있다. 모두가 개성을 말하지만 사실상 개성은 사라졌고, 자유를 말하지만 자유라는 감옥에 갇혀버렸다. 내가 말하는 자유는 모방과는 거리가 멀다.

자유는 오롯이 자기 자신으로 존재하는 데서 저절로 솟아나는 것이다.

타인의 삶은 흥미로울 수 있고, 때로는 배움의 재료가 될 수도 있다. 하지만 그것이 내 삶의 설계도가 되어서는 안 된다. 나는 그렇게 믿는다. 흉내 낸 삶은 언젠가 균열을 드러내고, 결국 그 안에 나라는 존재는 사라지고 만다. 타인의 삶을 살다 보면, 어느 순간 거울 속의 내가 낯설어지기 시작한다. 그리고 그때 우리는 묻게 된다.

'나는 누구인가?'

진정한 행복은 저절로 주어지는 것이 아니라, 스스로 찾아가는 것이다.

자기 삶의 방향을 정하고, 그 길에서 넘어지더라도 다시 일어서는 것. 그것이 바로 자기 삶을 살아가는 태도다. 실패하더라도 그것이 나의 선택에서 비롯된 것이라면 후회는 덜하다. 그러나 남의 길을 따라 걷다가 실패하면 우리는 이렇게 말한다. "내가 괜히 저 사람

따라 했지." 그 순간 우리는 비로소 깨닫는다. 내 삶은 나의 방식대로 살아가야 한다는 것을.

나는 청년 시절부터 독립적인 사유를 중시했고 그것은 결국 나의 철학이 되었다.

내가 강조한 '개인의 실험'은 거창한 사상적 선언이 아니다. 그것은 실제 우리가 스스로의 인생에서 실현해볼 수 있는 방법론이다. 이론이 아니라 현실적인 실천 방안인 것이다.

모든 인간은 다르다. 그것이 정상이다. 그런데 이 '정상적인 다름'을 억누르는 순간, 전체주의적 사고에 빠지고 만다. 하나의 이상향, 하나의 기준, 하나의 성공만을 강요하는 사회는 필연적으로 억압을 낳는다. 나는 바로 그런 사회적 억압을 경계했다. 그리고 지금 당신에게도 말하고 싶다. 당신이 누구든 어떤 환경, 어떤 계급에 속해 있든 자신만의 삶을 설계하고 살아갈 권리가 있다.

흉내 내지 않고 살아간다는 것은 자율성을 넘어서 나만의 고유성을 만들어내는 일이다. 나는 이것이야말로 인간의 존엄을 지키는 가장 근본적인 자세라고 믿는다.

> 자유는 고유성에서 비롯된다. 그리고 그 고유성은 흉내만
> 이 아니라 자신만의 방식으로 창조해내면서 비로소 드러
> 난다.

이는 사실상 수많은 유혹 혹은 압력에 맞서 싸우는 일이기도 하다. 가족의 기대, 사회의 기준, 또래 집단의 시선 속에서 나만의 가치관을 고집하는 것은 결코 쉬운 일이 아니다. 그러나 자기만의 기준을 세우고 실천할 때, 비로소 자율적인 존재가 된다.

당신에게는 당신만의 철학이 있는가? 당신은 당신만의 방식으로 삶을 설계하고 있는가? 나는 당신이 이 질문 앞에서 당당할 수 있기를 바란다. 남들과 다르다는 것은 부끄러운 일이 아니다. 오히려 자랑스러운 일임을 기억하자. 진정한 자유는 흉내 내는 삶이 아니라, 내가 나로 살아가는 삶에서 시작된다.

그러니 부디 자신에게 다시 물어보자.

'나는 지금 누구의 인생을 살고 있는가?'

이 질문에 대한 답이 내 삶을 바꾸는 출발점이 될 것이다. 타인의 삶을 흉내 내는 것으로는 결코 행복해질 수 없다. 진짜 행복은 나만의 길을 찾고, 그 길을 묵묵히 걸어갈 때 비로소 찾아온다.

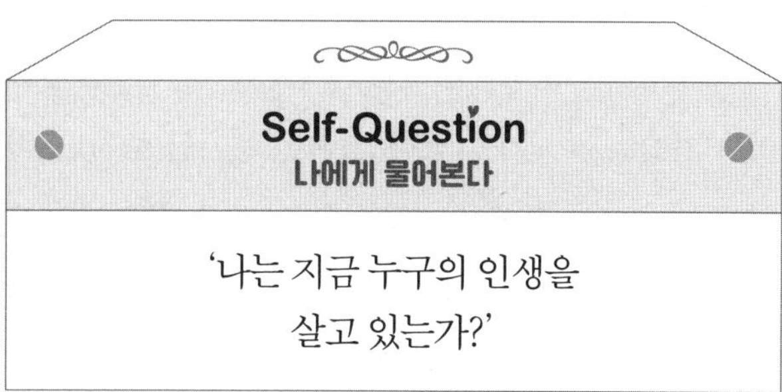

17강

비난받지 않는 삶이
과연 내가 원하는 삶인가?

자유에 대해 고민하기 시작한 순간부터 나는 세상의 시선과 마주해야 했다. 새로운 생각을 꺼내면 누군가는 박수 치고, 또 다른 누군가는 비난의 화살을 겨눈다. 대중 앞에 내 생각을 꺼내는 순간부터 나는 끊임없이 평가받는 존재가 되었다. 칭찬은 용기를 주지만, 비판은 때때로 나를 무너뜨릴 만큼 거세게 다가온다. 하지만 나는 깨달았다. 진정한 자유는 고독과 비판을 견뎌낸 자에게만 주어진다는 사실을.

자신의 철학을 지키며 의견을 드러내는 일은 언제나 외로운 투쟁이었다. 어떤 때는 내 말을 이해받지 못해 좌절했고, 어떤 날은 오해와 왜곡 속에서 스스로를 의심하기도 했다. 하지만 나는 점점 알게 되었다. 나를 가장 단단하게 만드는 건 그 외로움의 시간들이었고, 나를 가장 성장시킨 건 비판을 통과한 말들이었다는 것을.

자유는 고립과 가까운 자리에서 시작된다. 모든 사람이 동의하는 말을 하는 것은 쉽다. 누구도 불편해하지 않도록 말하는 법은 있다. 그러나 그런 말만 골라서 하게 되면 어느 순간 정신이 흐려진다.

불편함을 감수하더라도 내 생각을 말할 수 있는 용기, 외로움을 견디면서도 내 철학을 지킬 수 있는 인내, 미움받더라도 내 길을 찾아 나서는 대범함. 이 세 가지 길을 택했을 때 우리는 비로소 '자기 자신'으로 설 수 있다.

나는 과거 어떤 시기엔 사람들의 비난을 피하기 위해 스스로를 검열하기도 했다.

'이건 너무 과격한 생각일까?'

'이 말을 꺼내면 나를 싫어하진 않을까?'

이렇게 망설이던 나는 점점 말이 줄어들었고, 결국 생각하는 힘도 약해졌다. 나를 지키려고 했던 침묵이 오히려 나를 잃게 만든 것이다. 비판은 두렵다. 그러나 비판이 두려워서 나의 생각을 감추고 목소리를 내지 않는다면 나는 더 이상 나로 살 수 없다. 고독과 비판은 내 자유를 가로막는 적이 아니다. 오히려 그것은 내가 진짜 나로 살아가기 위해 반드시 통과해야 할 통로다. 고독은 내 생각을 정제해주고, 비판은 내 철학을 날카롭게 다듬어준다.

사람들은 흔히 말한다. "조용히 지내는 게 편해." 맞는 말이다. 그러나 나는 다시 묻고 싶다. 편안함이 과연 옳은 것인가? 비난받지 않는 삶이 과연 내가 원하는 삶인가? 누군가에게 인정받기 위해 나의 의견을 왜곡하거나 감춘다면 그것은 단지 평화를 위한 위장이자, 나 자신에 대한 배신일지도 모른다.

나는 지금도 때때로 외롭다. 내 생각이 받아들여지

지 않을 때, 나의 의도가 왜곡될 때, 그 고독감은 여전히 아프다. 하지만 나는 그 고통을 외면하지 않기로 했다. 외로움을 피하지 않고, 비판을 억울해하지 않고, 그 안에서 나를 지키는 힘을 키우기로 했다. 그건 결코 쉽게 얻어지는 능력이 아니다. 수없이 흔들리고, 무너질 듯한 시간을 통과한 후에야 얻어지는 내면의 근육이다.

세상은 늘 다수의 언어를 따르라고 속삭인다. 그러나 진리는 언제나 소수의 의견에서 시작되었고, 변화는 언제나 비주류에서 비롯되었다. 나는 믿는다. 한 사람의 진실한 목소리가 세상의 방향을 조금씩 바꾼다는 것을. 그 목소리는 반드시 누군가의 비판을 동반한다. 하지만 그 비판을 견딜 수 있다면, 우리는 진짜로 누군가의 인생에 의미 있는 질문을 던질 수 있다.

자유란 '나답게 살아갈 권리'일 뿐 아니라, '불편해질 수 있는 용기'이기도 하다. 나의 말이 모두에게 받아들여질 수는 없다. 그러나 내 진심이 왜곡되지 않도록, 내 생각이 스스로에게 떳떳하도록 노력하는 일. 그것이 자유를 지키는 일이다.

나는 이제 고독을 피하지 않는다. 비판 앞에서 움츠러들지 않는다. 그것이 나를 무너뜨리는 것이 아니라, 오히려 나를 완성해가는 과정임을 믿기 때문이다. 내 말 역시 언제나 옳을 수는 없지만, 그 말이 진실을 배반하지 않았다면 나는 책임질 준비가 되어 있다.

당신도 그러길 바란다. 모두에게 인정받으려 애쓰기보다, 당신 자신에게 정직한 사람으로 살아가라. 때때로 외롭고 때때로 흔들리겠지만, 그 과정을 통과한다면 당신은 더 단단해질 것이다. 그 단단함은 타인이 줄 수 있는 것이 아니다. 그것은 오직 나 자신이 보낸 고독의 시간 속에서, 그리고 비판을 견디어낸 용기에서 나온 결실이다.

고독을 견뎌라. 비판을 받아들여라. 그리고 그 모든 시간을 지나온 당신 자신을 존중하라. 진짜 자유는 타인의 박수 속에서가 아니라 침묵과 비난 속에서도 무너지지 않는 내면에서 자라난다.

Self-Question
나에게 물어본다

'불편함을 감수하더라도
내 생각을 말할 용기가 있는가?'

18강

타인의 인정이 없어도 당신은 충분히 괜찮은 사람인가?

나는 일찍이 타인의 평가에 예민한 사람이었다. 내가 발표한 사상, 글, 말 한마디가 누군가에게 어떻게 비칠지를 고민했다. 철학자로서 나는 언제나 공개적인 비판과 토론의 장에 서 있어야 했고, 나의 생각은 수없이 갈채와 조롱 사이를 오갔다. 그러나 시간이 흐르면서, 나는 한 가지 명료한 진리를 발견하게 되었다. 그것은 정말 내가 신경 써야 할 평가는 단 하나, 바로 나 자신으로부터 나오는 것이어야 한다는 사실이다.

내가 말한 자유의 의미는 단순히 외적 제약으로부터 자유롭다는 게 아니다. 정말 중요한 건 타인의 인정으로부터 자유로워야 한다. 즉 나의 판단과 선택이라는 전제 조건이 깔려 있어야 진정한 자유라 할 수 있다.

인간은 누구나 사회적 동물로서 타인의 시선을 인식하며 살아가지만 그 시선에 기대어 자아를 정의하는 순간, 진정한 자유는 무너지고 만다. 당신은 지금 누구의 기준에 따라 살아가고 있는가? 당신의 선택은 당신의 내면에서 비롯된 것인가, 아니면 주변의 기대와 판단에 의해 유도된 것인가?

사람들은 종종 타인의 인정을 갈망하면서도, 동시에 그 인정이 자신을 얼마나 왜곡시키는지 인식하지 못한다. 나는 말하고 싶다. 타인의 기대에 스스로를 맞추는 삶은 결국 자기 배신의 연속일 뿐이다. 나는 수없이 많은 실패와 비난을 경험했다. 그러나 그러한 외부의 소음 속에서도 내가 중심을 잃지 않을 수 있었던 이유는 스스로의 가치를 믿었기 때문이다. 나는 내 철학이 당장의 인기를 얻기 위한 것이 아니라, 진리를 향한 고독한 여정임을 알고 있다. 그 길 위에서 나를 지켜준

것은 타인의 칭찬이 아니라 내 안의 신념이었다.

자기 인정이란 자아를 날것 그대로 바라보고 수용하는 태도에서 비롯된다. 우리는 완전하지 않다. 우리는 실수하고, 주저하고, 때로는 나약해진다. 그러나 바로 그 불완전함을 인정하는 순간, 진짜 성장이 시작된다. 타인의 칭찬은 달콤하지만 쉽게 사라진다. 그러나 자신의 내면에서 비롯된 수긍과 수용은 깊고 오래 지속된다.

혹시 당신은 스스로를 다그치고 있지는 않은가? 일상 속에서 당신은 당신 자신에게 어떤 말을 건네고 있는가? 나는 이렇게 말하고 싶다. 당신은 당신 스스로 생각하는 것보다 훨씬 더 용감하고 진지하며, 더 성장할 수 있는 존재라고 말이다. 그런 당신을 가장 먼저 인정해주어야 할 사람은 당신 자신이다. 스스로에 대한 냉정한 판단과 온전한 수용은 자존감의 토대가 된다.

우리는 타인의 인정에 기대는 습관을 무의식적으로 학습하며 자란다. 사회는 칭찬과 보상으로 인간을 길들인다. 그러나 그러한 외적 피드백만을 기준으로 자기를 판단하면 자아는 끊임없이 흔들린다. 나는 강조하고 싶다. 자유란 타인의 박수 없이도 살아낼 수 있는 용기에서 시작된다. 그 용기는 스스로에 대한 믿음에서 자란다.

나는 개인의 독립성과 자율성을 가장 중요한 미덕으로 보았다. 그것은 타인의 간섭을 넘어서 스스로 삶의 방향을 설정하고, 그 길을 책임지는 태도다. 그 책임의 시작은 '나는 이만하면 괜찮다'는 자기 수용에서 출발한다. 자신을 받아들이지 못하는 사람은 남의 기준으로 자신을 재단하게 된다. 그리고 그 기준은 시시때때로 바뀌며, 결국 자아는 방향을 잃고 만다.

오늘 하루, 당신은 자신의 어떤 부분을 부정했는가? 거울 앞에 서서 스스로에게 어떤 시선을 보냈는가? 우리는 자신에게조차 무례할 때가 많다. 그 무례함이 쌓이면 결국 내면의 자존은 스러지고, 타인의 인정 없이는 단 하루도 버티지 못하는 존재가 된다. 나는 당신이 그런 상태에서 벗어나길 바란다.

나는 철학자로서 많은 질문을 던지며 살았다. 그 질문들 중 가장 어려웠던 것이 바로 이것이다.

"나는 과연 나 자신을 진심으로 사랑하고 있는가?"

이 질문에 선뜻 답하지 못했던 날들이 많았다. 그러나 이 질문을 피하지 않고, 끊임없이 되묻고 응답하려는 노력 속에서 나는 점점 나 자신과 화해할 수 있었다.

진짜 자유는 타인이 나를 어떻게 생각하든 흔들리지 않는 자아에서 비롯된다. 그 중심은 하루아침에 만들어지지 않는다. 수많은 자기부정과 고통, 그리고 회복의 시간을 거치며 조금씩 단단해진다. 나는 그 단단함이야말로 인간을 자유롭게 만드는 가장 강력한 기반이라고 믿는다.

그러니 오늘, 타인의 기대에서 한 걸음 떨어져보자. 그리고 온전히 나 자신에게 집중해보자. 당신은 타인의 인정이 없어도 충분히 괜찮은 사람이다. 그것을 확인할 수 있는 힘은 오로지 나의 내면에서 나온다.

Self-Question
나에게 물어본다

'타인의 인정이 없어도
나는 충분히 괜찮은 사람인가?'

아무리 옳은 의견도
강요하면 안 되는 이유

나도 한때 이렇게 생각한 적이 있었다. 모두에게 도움이 되는 의견은 누구나 의무적으로 수용할 줄 알아야 한다고 말이다. 내 경험에서 우러나온 조언이든, 철학자로서 쌓아온 사유든, '좋은 의도'라면 상대도 기꺼이 받아들일 거라고 믿었던 시절이 있었다. 그런데 지금 돌이켜 생각해보면, 그 믿음이야말로 내가 가장 오래 붙잡고 있었던 오만함이자 순진한 착각이었다.

나이가 들며 깨달은 것 중 하나는 아무리 옳은 의견

일지라도 강요하는 순간 폭력으로 변질된다는 사실이다. 아무리 그 사람을 위해 하는 말이라 해도 그가 준비되어 있지 않으면 그 말은 벽에 부딪혀 되돌아올 뿐이다. 강요를 하게 되면 그 사람은 오히려 마음의 문을 닫고 점점 멀어질 뿐이다. 그런 반응을 겪고 나면 '저 사람은 왜 나를 무시할까', '자기를 위해서 한 말인데 왜 내 진심을 알아주지 않을까' 하며 억울해하면서 관계에는 서서히 금이 가고 만다.

나는 철학을 공부하며 이런 생각을 더욱 굳히게 되었다. 철학은 '옳고 그름'을 따지는 학문이 아니라, '생각하는 힘'을 키우는 일이다. 그런데 많은 사람들이 종종 이 힘을 남을 설득하는 데 사용하려 한다. 내가 옳다는 것을 증명하기 위해, 상대를 이해시키기 위해 에너지를 과도하게 쓴다. 그러나 그렇게 되면 철학은 사유가 아니라 도구화된다. 철학이 도구가 되는 순간, 그 본질을 잃는다.

자신의 의견을 자유롭게 표출할 때 철학적 사유는 비로소 생명력을 얻는다. 그러나 내가 직접 겪어본 바로는 오히려 그 반대인 경우가 더 많았다. 듣기 싫어하는 사람에게는 그 자유로운 표현이 압박감으로밖에 느껴지지 않기 때문이다. 내가 좋은 말을 하고 있다고 생각하는 그 순간이, 상대에게는 '나의 삶을 침범하는 순간'일 수 있다. 나는 이 사실을 늦게서야 깨달았다. 그래서 항상 이 질문을 기억하려고 한다.

'내가 옳다고 생각하는 가치는 정말 옳은 것인가?'

내가 이렇게 깨닫게 된 것은 누구든 겪을 수 있는 아주 보통의 사건이 계기가 되었다. 어느 날, 가까운 사람이 내 결정에 대해 이런저런 충고를 했다. 그 충고는 합리적이었고 분명 나에게 도움이 되는 말이었다. 그런데 나는 이상하게도 그 말을 듣는 순간 강한 저항감을 느꼈다. 마음 깊은 곳에서 불편함이 올라왔다. 상대가 아무리 옳은 말을 했어도, 그 말을 '따르라'고 은근히 강요하니 나는 자유를 빼앗겼다고 느낀 것이다. 그 순간 나는 지금까지 살아오면서 나 역시 누군가에게 똑같은 행동을 수없이 반복했다는 사실을 깨달았다.

의견을 강요하는 사람은 대체로 악의가 없다. 오히

려 상대를 위해 '더 좋은 선택'을 권했다고 철석같이 믿는다. 그러나 그런 믿음 속에 보이지 않는 폭력이 숨어 있다는 걸 잘 알지는 못한다. 상대가 스스로 판단할 능력을 가진 성숙한 개인이라는 사실을 쉽게 잊어버리기 때문이다.

인간에게 가장 필요한 것은 정답이 아니라 선택할 권리다. 아무리 좋은 의견도 권할 수는 있지만 그 사람이 스스로 선택할 권리를 존중하지 않으면 의미가 없다. 또한 상대방의 선택을 부정하는 것은 자존감에 상처를 남긴다. "너는 스스로 결정할 권한이 없어. 내가 대신 결정해줄게"라는 말과 다르지 않기 때문이다. 그러므로 늘 스스로에게 이런 질문을 던져야 한다.

'나는 상대의 성장 속도를 존중하고 있는가?'
'나는 상대가 스스로 생각할 수 있도록 여지를 남겨두고 있는가?'

인간관계에서 일어나는 모든 종류의 갈등은 의견 차이 때문이 아니라 의견을 주고받는 방식에서 비롯된다. 그런데 의외로 많은 사람들이 이 사실을 망각한 채 살아간다.

만약 갈등이 생겼다면 상대에게 말하는 방식이 부드러웠는지, 상대에게 감정을 정리할 시간을 충분히 주었는지, 상대가 스스로 이해할 수 있도록 여지를 남겨두었는지를 찬찬히 돌아보는 게 좋다. 나 역시 여러 실패를 겪고 나서야 비로소 깨달았다. 진정한 변화는 강요에서 비롯되지 않는다는 사실을 말이다.

지금 당장이 아니라도 괜찮다. 변화는 언제나 '그 사람이 받아들일 준비가 되었을 때' 조용히 찾아온다. 그 타이밍은 그 사람 자신만이 알 수 있다. 그러므로 아무리 옳은 의견이라도 강요해서는 안 된다. 강요는 그 사람의 내면에서 싹트는 이해의 씨앗을 짓밟아버린다. 내가 이런 말을 하면 누군가는 이렇게 반문할 것이다.

"그럼 상대가 잘못된 선택을 하려고 하는데 그냥 내버려두라는 말인가?"

이 질문에 나는 이렇게 답하겠다.

"그 잘못된 선택을 통해 그것 나름대로의 경험을 얻을 수 있다면, 그렇다."

우리는 실패를 두려워한다. 그래서 자신이 사랑하는 사람들에게 더 집요하게 옳다고 생각하는 의견을 강요한다. 그러나 실패는 인간의 본성적 권리이며, 자유의 필수조건이라는 걸 잊지 마라. 불완전함을 경험하지 못한 사람은 성숙해질 수 없다. 실패를 경험하지 못한 사람은 겸손을 배울 수 없다. 명령형보다는 의문형이 인간을 더 성숙하게 만든다는 것을 언제나 가슴속에 새겨두자. 나 자신에게도 타인에게도.

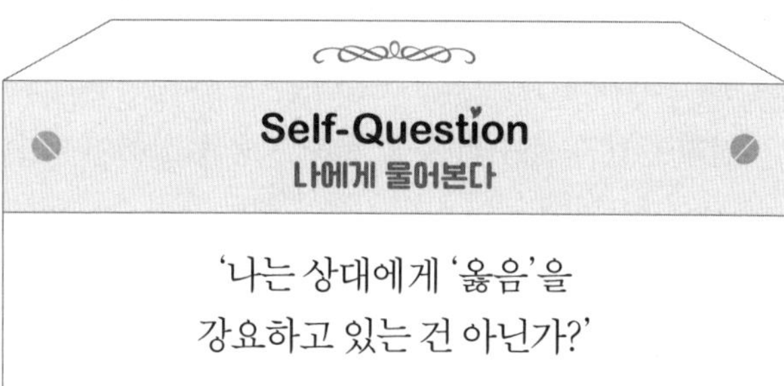

20강

틀린 것을 틀렸다고
말할 수 있는
단 한 사람이 되어라

나는 평생 동안 소수의 목소리에 귀를 기울여왔다. 그들이 비록 다수의 논리에 반하는 말을 하고 있을지라도, 그 속에서 진실의 불씨를 찾고 싶었다. 나는 이렇게 말한 바 있다.

"진리는 대개 소수의 입을 통해 처음 등장하며 다수는 이를 억압하려 든다."

그러나 그 억압에 굴복하지 않는 자가 있어야만, 우리는 진짜 자유를 말할 수 있다.

당신은 세상의 기준에 얼마나 순응하며 살아가고 있는가? 혹시 다수의 의견에 묻혀 스스로의 목소리를 감추고 있지는 않은가? 우리는 종종 '정상'이라는 이름의 함정에 빠진다. 모두가 말하니 맞는 것 같고 모두가 따르니 그저 따라가게 된다. 그러나 역사상 일어났던 모든 진보는, 그러한 흐름에 의문을 던진 '한 사람'으로부터 시작되었다.

세상이 틀렸다고 말하는 일은 쉽지 않다. 그 말은 때로 외로움을 비롯한 혹독한 대가를 요구한다. 어쩌면 대중의 조롱과 공격을 받게 될지도 모른다. 하지만 그 말 한마디가 한 시대의 방향을 틀 수 있다면 그 침묵을 깨는 용기야말로 가장 인간적인 행위다. 진리는 언제나 도전 속에서 빛나고 도전은 언제나 개인의 결단에서 시작된다.

나는 믿는다. 자신의 목소리를 내는 자만이 자유를 누릴 자격이 있다. 그러나 그 목소리가 무조건 옳아야 한다고 생각하지는 않는다. 중요한 것은 옳고 그름을 떠나 말할 수 있는 자유, 그리고 그 자유를 실천할 수 있는 내면의 용기다. 세상이 언제나 옳지는 않다. 오히려 세상은 자주 오류를 반복한다. 그렇기에 그 오류를 지적할 수 있는 목소리가 끊임없이 필요하다.

당신이 마지막으로 '아니요'라고 말한 순간은 언제인가? 그 말이 당신의 삶에 어떤 변화를 불러일으켰는가? '아니요'라고 말하는 것은 스스로의 자율성과 존재감을 드러내는 행위다. 그리고 이 말을 하는 순간, 당신은 사회를 향해 바로 이 질문을 던진 것이다.

"다른 방법은 없는가?"

나는 말하고 싶다. 맞서 싸우는 것만이 진짜 용기가 아니라고. 때로는 조용히 그러나 단단하게 내 생각을 지켜내는 것이 용기일 때가 있다고. 다수가 맞는다고 외칠 때, 나 홀로 틀렸다고 말할 수 있는 자유를 지키는 것. 그것이 진짜 용기고, 자유로운 정신의 본질이다. 이런 선택은 그 자체만으로도 내면의 힘을 길러준다. 나 자신에게 솔직해지려는 노력, 세상의 부조리에 맞서려는 의지는 그 무엇보다 강력한 성장의 씨앗이 된다. 당신은 그동안 몇 번이나 내면에서 들려오는 양

심의 목소리를 외면해왔는가? 어쩌면 "지금 말해봤자 소용없다"거나 "내가 뭘 안다고……"라며 궁색한 변명을 늘어놓았을지도 모른다.

그러나 나는 단언한다. 옳은 말은 언젠가 반드시 누군가에게는 가닿는다. 단 한 사람의 목소리가 물결을 만들고, 그 물결은 언젠가 파도가 되어 돌아온다.

내가 살고 있는 이 사회가 언제나 옳다고 생각하는 건 환상일 뿐이다. 환상이 위험한 이유는 더 이상 질문하지 않게 되기 때문이다. 질문이 사라진 곳에는 생각이 사라지고, 생각이 멈춘 곳에는 발전이 없다. 질문하는 자만이 세상을 바꾼다. 그러니 당신도 질문을 던져라.

"우리는 왜 이럴까?"
"이건 정말 옳은 일일까?"
"이 방식 말고 다른 건 없을까?"

이렇게 끊임없이 질문을 던지고 고민하는 태도 속에 이미 변혁의 불씨가 깃들어 있다. 아무도 당신의 질문에 응답하지 않을 때도 있을 것이다. 그러나 그 침묵이야말로 당신의 말이 중요하다는 증거다. 침묵의 벽을 마주한다면 두려워하지 말고, 그 침묵을 밀어내는 첫 사람이 되어라. 나는 이렇게 말한 적이 있다.

"고요한 시대에는 위대한 사람이 나오지 않는다."

당신이 그 고요함을 깨뜨리는 사람이 되기를 바란다. 틀린 것에 모두가 침묵할 때 소리 내어 목소리를 낼 수 있는 사람. 진짜 용기 있는 사람은 바로 이런 경우를 두고 하는 말이다.

나는 또한 당신이 이런 질문을 혼자 짊어지고 있다고 느끼지 않았으면 한다. 역사는 늘 소수의 선각자들에 의해 변화의 물결을 맞았다. 그들은 고독했지만 고독 속에서 자신의 신념을 다졌다. 그들은 고통받았지만 그 고통 속에서 더 나은 사회를 상상했다. 지금 당신이 느끼는 불안과 불편함은 어쩌면 그런 변화의 징후일지도 모른다.

스스로에게 솔직해진다는 건 때때로 모든 관계에서 멀어지는 길처럼 느껴질 수도 있다. 하지만 그 선택이야말로 진정 자율성으로 가는 문이다. 타인의 시선에서 벗어나 나만의 기준으로 옳고 그름을 판단할 수 있을 때, 비로소 독립적인 인간이 된다. 나는 바로 그 독립성이 자유의 핵심이라고 믿는다.

마지막으로 나는 말하고 싶다. 당신 자신이 되어라. 비록 그 길이 외롭고 험할지라도 타인의 잣대에 굴복하지 말고 나만의 질문을 품은 채 앞으로 나아가라. 사회가 틀렸을 때 있는 그대로 틀렸다고 말할 수 있는 단 한 사람이 바로 당신일 수 있다. 이때 당신의 목소리는 결코 헛되지 않다. 역사는 언제나 그런 사람들의 손끝에서 다시 써지기 마련이다.

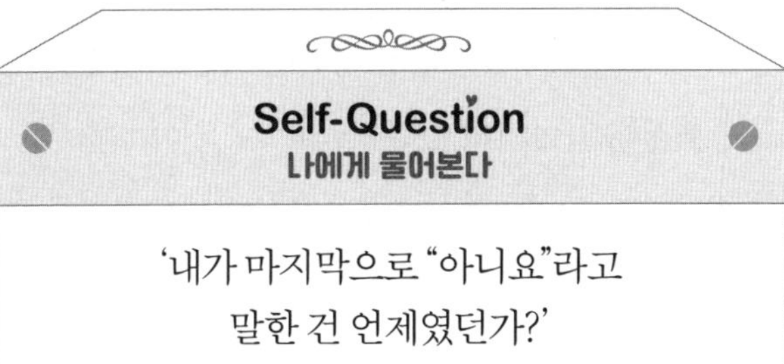

21강

기꺼이
오해를 견뎌라

나는 언제나 인간이 단지 순응하는 존재로 머무르는 것을 경계했다. 누군가가 짜놓은 규칙과 질서에 아무 의심 없이 적응하며 살아가는 삶은 외형상 평온해 보일지 몰라도 그 속에는 인간 정신의 가장 위대한 특성, 즉 창조성이 결여되어 있다.

내가 가장 두려워하는 것도 바로 이런 삶이었다. 사회가 이미 정해놓은 천편일률적인 방식대로만 살면서 나 자신의 창조적인 능력이 사라져버린 삶 말이다.

　태어나는 순간부터 세상은 우리에게 수많은 기준을 제시한다. 가정에서, 학교에서, 직장에서, 심지어 친구들 사이에서도 우리는 끊임없이 '정답'을 강요받는다. 그러나 나는 묻고 싶다. 그 정답은 과연 누구의 것인가? 그 '올바름'은 누가 만들어놓은 기준인가? 우리 대부분은 자라면서 자신만의 관점과 의지를 펼치기보다, 이미 누군가가 정해둔 길을 따르며 살아간다. 더 나아가 그 길에서 벗어나려는 사람을 이상하게 여기고, 위험하다고 판단한다.

　나는 이러한 사회적 통념에 의문을 던지고 싶었다. 인간의 위대함은 따르는 데서만 발현되는 것이 아니다. 질문하고, 의심하고, 그 의심을 토대로 새로운 것을 만들어내는 데서 비로소 드러나는 것이기도 하다.

　창조적인 삶이란 단순히 예술을 하거나 새로운 것을 발명하는 것만을 뜻하지는 않는다. 하루하루 사소한 선택에 자기 철학을 담는 것. 그것이 곧 창조적인 삶의 태도다. 아침에 무엇을 할 것인지, 오늘 하루를 어떤 일들로 채울 것인지, 무슨 말을 하고 어떤 행동을 할 것인지 등등이 모두 창조의 일부다.

　타인의 말에 끌려가며 살아가는 사람은 자기 인생의 저자가 아니다. 그러나 자기 가치관을 제대로 세우고 실천하며, 그에 대해 책임지는 사람은 자기 삶의 저자이자 자신만의 삶을 그려내는 화가이다.

　단지 외부의 간섭이 없는 상태만이 '자유'가 아니다. 진짜 자유는 스스로의 인생을 자발적으로 창조해나갈 때 비로소 발현된다. 창조란 늘 책임을 동반한다. 당신이 만든 결과물은 당신의 것이다. 성공도, 실패도, 전적으로 당신 몫이다. 하지만 그 책임 속에 당신만의 독립성과 존엄성이 담겨 있다. 이것이 담보된 삶이야말로 가장 인간다운 삶이다. 그렇기에 나는 이 글을 읽고 있는 당신에게 묻고 싶다. 지금 당신은 창조적인 삶을 살고 있는가? 누군가가 정해놓은 삶이 아닌 스스로 만들어내는 삶을 살고 있는가? 창조적인 삶이 반드시 거창할 필요는 없다. 평범한 일상에서도 창조성을 발휘할 수 있다. 단지 나의 감각, 나의 생각, 나의 기준을 따르는 것에서 시작하면 된다. 나는 때때로 스스로에게 이렇게 물었다.

'지금 이 길은 나의 것인가? 내가 이토록 열심히 살아가는 이유는 무엇인가?'

이 질문은 끊임없이 나를 다시 돌아보게 해주었고, 나는 조금씩 나만의 삶을 구축해나갔다. 타인의 인정이 줄 수 없는 내적인 만족, 나만의 철학으로 설계된 하루. 이것이 바로 창조적인 삶이다.

물론 창조적인 삶이 언제나 쉬운 것은 아니다. 사람들은 당신의 방식을 이해하지 못할 것이고, 때로는 비난하거나 무시할지도 모른다. 그러나 그것이 당신의 길이라면 기꺼이 그 오해를 견디는 것 또한 창조의 일부다. 창조는 고독을 필요로 하며, 확신 없이도 계속 나아가는 용기를 요구한다. 그 과정을 피하지 마라. 거기서부터 진짜 삶이 시작된다.

나는 삶을 실험이라 여겼다. 실험이란 항상 예상한 대로 흘러가지 않는다. 수많은 실패와 돌발적인 변수 속에서도 우리는 배우고, 다듬고, 다시 시도한다. 그렇게 삶을 조형해나간다. 타인의 틀에 맞춰 사는 사람은 실패를 두려워하지만 창조적으로 살아가는 사람은 실패조차도 자신의 일부로 받아들인다.

자, 이제 당신은 어떤 선택을 할 것인가? 여전히 익숙하고도 안락한 타인의 기준 속에 머무를 것인가, 아니면 거칠고 불확실할지라도 당신만의 길을 만들어나갈 것인가?

이 선택은 결코 가볍지 않다. 그러나 나는 말하고 싶다. 인간은 창조할 때 가장 인간답다. 그리고 그 창조 속에서만 진정한 자아를 만날 수 있다.

내가 말한 '자유론'의 핵심은 바로 이것이다. 인간은 스스로 생각하고, 선택하고, 책임질 때 비로소 자유로운 존재가 된다. 이때 자유는 결코 저절로 주어지는 것이 아니다. 그것은 창조적 삶을 살겠다는 결단에서 시작된다. 이 결단을 계속해서 실천하는 삶. 이것이 바로 창조적 인간의 삶이다.

세상이 시키는 대로 살아가는 것은 쉬운 일이다. 그러나 당신의 내면은 과연 그 삶에 만족하고 있는가? 지금 당신이 하고 있는 일은 정말로 스스로 원했던 것인가? 매일의 작은 선택들이 모여 인생이 된다. 그렇다면 이제, 그 선택들을 더 이상 타인에게 맡기지 마라.

스스로의 손에 붓을 쥐고, 자신만의 색으로 인생을 그려나가라.

나는 인생을 그렇게 살고자 했다. 그리고 당신에게도 같은 질문을 던진다. 당신의 인생은 누구의 것인가? 진정한 자유는, 그 질문에 '내 것'이라 답할 수 있을 때 비로소 시작된다. 그러니 기억하라. 삶의 목적은 순응이 아니라, 창조라는 것을.

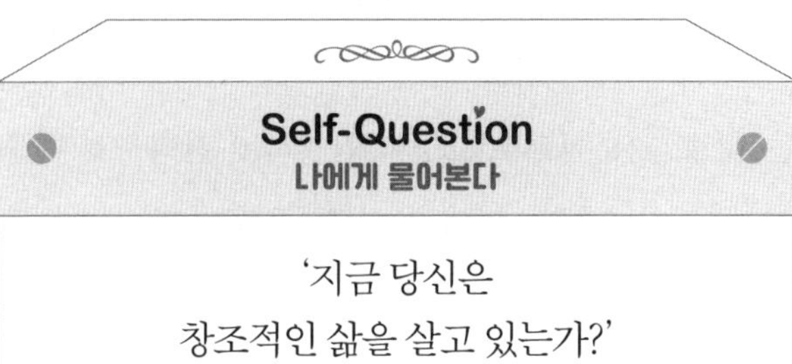

22강

편리한 것이
항상 옳은 것은 아니다

나는 종종 이런 질문을 던진다. "지금 우리가 당연하게 여기는 이 행동, 이 생각, 이 규칙은 정말 옳은가?" 대개의 사람들은 기존의 질서를 그대로 따르며 살아간다. 부모가 하던 대로, 사회가 시키는 대로, 다수가 믿는 대로. 기본적으로 그것이 안전하고 편리하기 때문이다. 하지만 나는 말하고 싶다. 사회적 관습이나 통념이 항상 옳은 것은 아니다. 기존의 질서는 그 사회를 지배하는 사람들의 입맛에 맞게 만들어놓은 규칙

일 확률이 높다. 오히려 아무도 의심하지 않기 때문에 예상치 못한 오류들이 숨어 있을 수 있다. 나는 관습의 위험성에 대해 여러 번 경고했다.

아무리 넓게 퍼져 있는 가치관이라 할지라도 의심받지 않은 진리는 독이 될 수 있다.

당신은 지금 어떤 삶을 살고 있는가? 그것은 당신의 선택인가, 아니면 남이 깔아놓은 길을 무심코 따라 걷고 있는가?

관습은 마치 안락한 소파와 같다. 처음엔 편안하지만 오랜 시간 그 위에 앉아 있으면 몸이 무뎌지고 스스로 움직일 수 있는 능력을 잃어버린다. 익숙함은 때로 우리의 사고를 마비시킨다. 예를 들어 어떤 사람이 특정 직업을 선택했을 때 그것이 진정으로 자신의 열망에서 비롯된 것인지, 아니면 사회적 기대에 충족하기 위한 것인지를 묻는 경우는 드물다. 대부분의 사람들은 타인의 삶을 자신의 삶인 양 흉내 내며 살아간다.

나는 인간이 진정 자유로워지기 위해서는 반드시 관습을 의심해야 한다고 믿는다. 이것은 단지 거대한 사회적 관습이나 굴레만을 말하는 것이 아니다. 일상 속에서 내가 견지했던 습관이나 관념도 마찬가지이다. 아침에 눈뜨는 시간, 하루의 루틴, 사람들과 나누는 대화 방식, 사람들을 구분하고 평가하는 방식, 일하는 태도 등등 아주 사소한 것에도 '왜 이런 관점을 갖고 있지?'라고 질문해보는 것이 중요하다. 삶을 바꾼다는 건 이렇게 질문하는 것에서 시작된다. 무의식적으로 반복되는 패턴에서 벗어나, 의식적으로 선택하며 일상을 살아가는 것. 그러기 위해서는 자신이 따르고 있는 규범이나 습관이 과연 스스로에게 적합한지를 점검할 수 있어야 한다.

이것은 말이 쉽지 결코 쉬운 일이 아니다. 대부분의 사람들은 변화보다는 안정을 택하며, 기존의 틀 안에서 살아가기를 원한다. 그러나 변화 없는 안정은 성장을 방해한다. 나 역시 청년 시절 내가 받은 교육과 훈련, 사회가 요구하는 이상적인 시민의 모습에 철저히 순응하며 살았다. 그러나 사유가 깊어질수록, 그 모습이 나의 본질과 다른 껍데기라는 것을 깨달았다. '생각하는 인간'은 반드시 기존의 사고체계를 의심할 수 있어야 한다. 비판적 사고는 단지 철학자에게만 필요한 것이 아니라 자기 삶을 주도적으로 살아가려는 모든 사람에게 필수적인 태도다.

관습은 우리에게 많은 것을 가르쳐준다. 그대로 따르기만 하면 편리하기도 하다. 하지만 편리한 것이 항상 옳은 것은 아니다. 편리한 대신 행동을 제약하기 때문이다. 오로지 타인의 눈치를 보며 옷을 고르고, 주변의 기대에 맞춰 행동하며 사회적 성공의 기준에 따라 자신의 가치를 판단한다면, 그 삶은 결국 자기 것이 아니다. 그런 삶은 불안정하다. 왜냐하면 그 기반이 외부에 있기 때문이다. 외부 조건이 무너지면, 나 역시 함께 무너지게 된다.

스스로를 보호하고 성장시키기 위해서라도, 우리는 관습을 의심할 필요가 있다. 이 말인즉슨 자기만의 기준과 철학을 가지라는 것이다. 누군가에게 물려받은 믿음이 아닌, 자신이 선택하고 정립한 가치로 삶을 꾸려나가는 것. 이것이야말로 진정한 자유이고 성숙한 인간의 길이다. 당신은 지금 어떤 관습 속에서 살고 있는가? 그 관습은 당신에게 어떤 영향을 주고 있는가? 그것이 당신을 더 단단하게 만들고 있는가 아니면 더

무기력하게 만들고 있는가? 내가 제안하는 건 단순한 반항이나 일탈이 아니다. 그것은 '생각하는 존재'가 가져야 할 최소한의 책무다.

스스로에게 질문하고, 타인의 기준을 맹목적으로 따르지 않으며, 자신의 길을 묻고 또 묻는 것.

이런 태도를 잊지 말아야 한다. 물론 그렇다고 해서 모든 관습이 다 나쁘다는 말은 아니다. 관습은 수많은 경험이 축적된 결과이며, 사회적 안정의 바탕이기도 하다. 그러나 만약 그것이 한 번도 그 누구에게도 의심받지 않은 것이라면 위험하다. 만약 당신이 한 번쯤 의심해볼 용기만 있다면 관습은 장애물이 아니라 자양분이 될 수도 있다. 중요한 건 당신이 그에 대해 '의심하고 있는가'이다. 당신이 지금 따르고 있는 관습이나 관례, 통념은 진정 스스로 검토하고 받아들인 결과인가? 아니면 어릴 때부터 자연스럽게 주입되어 한 번도 의심조차 해보지 않았던 것인가?

사람들은 종종 '당연한 것'이라는 말에 속는다. 그러나 '당연한 것'처럼 보이는 것일수록, 더 깊이 들여다봐야 한다. 그 당연함 속에 누구의 이익이 숨어 있는가? 어떤 권력자의 입장이 대변되어 있는가?

이 질문이 불편하더라도, 그 불편함을 넘어서야 비로소 진짜 자유를 향해 나아갈 수 있다. 스스로 생각하라. 의심하라. 그리고 다시 선택하라. 그것이 내가 하고 싶은 말의 전부이다.

Self-Question
나에게 물어본다

'당연하게 생각했지만
불편했던 관습이 있다면 그것은 무엇인가?'

23강

기존의 시스템은 나를 위한 것인가 아니면 권력자를 위한 것인가?

인간의 잠재력은 억압이 아닌 자유로운 토양 속에서 가장 건강하게 성장한다고 나는 믿는다. 지금까지 내가 강조했던 철학의 핵심 메시지도 개인의 자율성과 다양성이 보장되는 사회만이 진정한 발전을 이룰 수 있다는 것이었다. 사회를 구성하는 한 사람, 한 사람이 자신의 열정을 자유롭게 펼칠 수 없고 그것을 실현할 기회를 빼앗긴다면 그 사회는 개인뿐 아니라 전체적으로도 퇴보하게 된다.

당신은 지금 어떤 열정을 품고 있는가? 그 열정을 숨김없이 드러내고 있는가? 아니면 누군가의 눈치를 보며 감추고 있지는 않은가? 많은 사람들이 자신의 진심을 억누른 채 살아간다. 이유는 다양하다. 생존 때문이다, 가족 때문이다, 사회의 기준 때문이다. 그러나 그 모든 이유 뒤에는 하나의 공통된 질문이 숨어 있다.

"지금 이 사회는 내가 진짜 원하는 삶을 허용하고 있는가?"

우리는 흔히 사회 질서를 마치 고정불변의 자연법칙처럼 받아들인다. 그러나 나는 말하고 싶다. 질서는 고정된 것이 아니다. 그것은 인간이 만든 것이며, 다시 인간이 바꿀 수 있는 것이다. 과거에는 불변의 진리였던 가치도 시대가 흐름에 따라 수정이 불가피한 구시대의 유물이 될 수 있다.

만약 어떤 사회적 원칙이 개인의 자율성과 창의성을 억누른다면, 그것은 결코 옳다고 말할 수 없다. 우리 사회는 일정한 틀 속에 사람을 집어넣고, 그 틀 안에서만 생각하고 움직이기를 바란다. 학교는 순응하는 시민을 기르고, 회사는 지시에 잘 따르는 사원을 요구한다. '평균'과 '안정'을 미덕으로 삼는 구조 속에서 열정은 종종 위험 요소로 간주된다. 튀지 말라는 말, 조용히 있으라는 말은 결국, '나는 누구인가'라는 질문을 스스로에게 하지 말라는 명령이나 다름없다.

나는 그런 사회에 의문을 던졌다. 왜 우리 사회는 개인의 독창성과 개성을 존중하기보다 통제하려 하는가? 왜 다름을 포용하지 않고 획일적인 기준에 순응하길 강요하는가? 이는 단순히 개인의 문제가 아니다. 이러한 구조는 사회 전체의 창의성과 활력을 갉아먹는다. 역사적으로 위대한 변화를 일으킨 인물들은 모두 자신만의 열정을 좇았고, 기존의 질서에 맞서 싸운 사람들이었다.

당신은 자신의 가능성을 어떻게 대하고 있는가? 혹시 '이건 안 돼', '내가 할 수 있을까?' 같은 생각으로 스스로를 억누르고 있지는 않은가? 나는 말하고 싶다. 열정을 억누르며 사는 삶은 결국 무채색의 삶이다. 광채를 잃은 눈, 억눌린 목소리, 움츠러드는 어깨, 종국에는 점점 작아지는 존재감. 그런 환경 속에서는 자아를 잃어버린다.

나는 모든 사람들이 자신의 삶에서 독립적인 실험을 해야 한다고 주장했다. 이 말은 각자가 자신만의 열정과 가치로 세계를 해석하고, 행동하며, 성장해야 한다는 뜻이다. 그런데 지금 우리 사회는 과연 그런 실험을 허용하고 있는가? 실패를 학습의 기회로 받아들이는 문화인가, 아니면 실패를 낙인찍는 문화인가?

타인의 기대에 부응하기 위해 살아가는 삶은 마침내 피로와 분노로 귀결된다. 왜냐하면 그것은 타인이 설정한 규칙 속에서 내가 존재해야 하기 때문이다. 더구나 그 규칙은 내 성향이나 가치와는 전혀 맞지 않을 수도 있다. 그럼에도 우리는 그 틀 안에서 '착한 사람', '성공한 사람'이라는 이미지를 연기한다. 나는 묻고 싶다. 그 연기 끝에 과연 무엇이 남을까? 피로와 공허함 아닐까? 이제, 진실된 질문을 던져야 할 때다.

나는 누구인가? 나는 무엇을 갈망하는가? 그리고 지금 나의 열정을 억누르고 있는 건 무엇인가? 이런 질문들에 정직하게 답할 수 있어야 한다. 우리는 너무

오랫동안 '사회가 시키는 대로', '다수가 옳다고 믿는 대로' 살아왔다. 그러나 이제는 스스로에게 질문을 던져야 한다.

'내가 믿고 있던 그 사회는 누구를 위한 것이었나?'

'나를 위한 것이었나 아니면 사회의 기득권층을 위한 것이었나?'

'기존의 시스템은 나를 위한 것인가 아니면 권력자를 위한 것인가?'

'다수의 기준은 항상 옳은 것인가?'

나는 믿는다. 인간은 각자의 고유한 목소리를 갖고 태어났으며, 그 목소리를 표현할 자유를 타고났다. 그러므로 사회가 인간의 자유를 억압한다면 언제든 그 구조를 의심하고 필요하다면 흔들어야 한다. 열정을 외면한 질서는 오래가지 못한다. 왜냐하면 그것은 인간의 본질과 충돌하기 때문이다.

당신의 삶은 당신의 것이다. 어떤 제도, 어떤 사람, 어떤 조직도 당신의 열정을 제멋대로 재단할 수는 없다.

이것이 사회를 향한 가장 근본적인 저항이자, 나 자신을 향한 가장 큰 존중이다. 당신 안의 열정은 사회가 바뀌기를 기다리지 않는다. 그것은 지금 당장 깨어날 수 있다. 그러니 스스로에게 질문하라. "내가 바꾸어야 할 사회 질서는 무엇인가?" 그리고 결심하자. 나의 열정을 지키기 위해, 나는 오늘부터라도 나를 억누르던 규칙을 점검하겠다고.

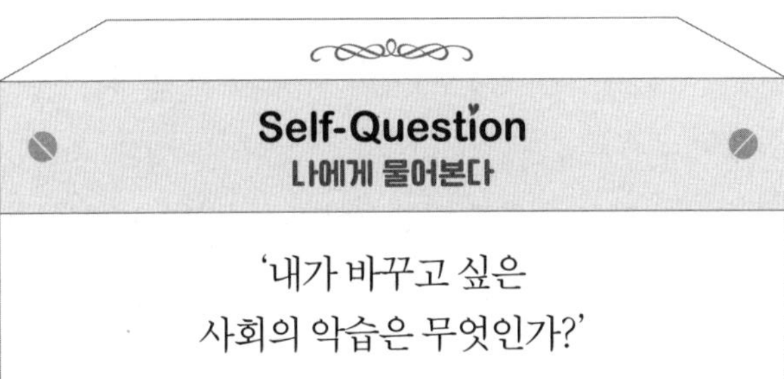

24강

변화는 늘 한 사람으로부터
시작된다

나는 늘 물었다. "왜 아무도 말하지 않는가?", "왜 다들 그대로 따르기만 하는가?" 대다수의 사람들은 세상의 부조리, 낡은 관습, 억압적인 질서에 대해 답답해하면서도 그저 침묵만 유지한다. 나는 그 침묵을 깨뜨리고 싶었다.

내가 개인의 자유를 강조한 것도, 변화의 불씨는 언제나 한 사람으로부터 시작된다는 확신이 있었기 때문이다.

진정한 변화는 군중 속에서 외치는 목소리에서 시작되지 않는다. 오히려 그것은 단 한 사람의 조용한 질문, 단 한 사람의 낯선 선택에서 출발한다. 세상의 흐름과 반대로 움직이는 그 작은 용기가, 결국 모두에게 더 나은 내일을 선사한다.

당신이 지금 불편하게 느끼는 것은 무엇인가? 회사의 문화, 학교의 규율, 가족의 관습, 혹은 사회의 시선? 우리는 수많은 틀 속에 묶여 있다. 그리고 그 틀을 어기면 '문제 있는 사람'이라 낙인찍히기 쉽다. 그래서 대부분은 순응한다. '괜히 나서지 말자', '괜히 튀지 말자'는 말로 스스로를 달래며 불편함을 견딘다. 그러나 나는 말하고 싶다. 진짜 용기는 그 불편함을 입 밖으로 꺼내는 데서 시작된다.

변화에는 언제나 진통이 따른다. 가까운 사람에게 상처받을 수도 있고 지독히 외로울 수도 있다. 오로지 나 스스로 판단하고 행동하고 감당해야 하기 때문이다. 그 길에는 동조자도, 박수갈채도 없다. 오히려 비난과 무시, 조롱이 따라올 위험이 크다.

나는 살면서 수많은 지적과 비판을 받았다. 나의 사

상이 시대착오적이라는 말도 들었고, 불필요한 저항이라는 조롱도 들었다. 하지만 나는 멈추지 않았다. 왜냐하면, 누군가는 시작해야 하는 일이기 때문이다.

당신은 우리 사회가 안고 있는 문제 중 가장 중요한 게 뭐라고 생각하는가? 그것을 바꾸기 위해 뭔가를 시도해본 적은 있는가? 혹시 '내가 한다고 뭐가 바뀌겠어'라고 체념하지는 않았는가?

나는 체념이 가장 위험하다고 생각한다. 그것은 스스로 변화의 가능성을 지우는 행위이기 때문이다.

나는 단언한다. 모든 변화는 한 사람으로부터 시작된다. 한 사람이 먼저 의심하고, 한 사람이 먼저 침묵을 깨며, 한 사람이 먼저 다르게 행동할 때, 주변 사람들은 조금씩 흔들리기 시작한다. 그 변화는 처음에는 미미해 보일지라도 점점 파문처럼 퍼져나간다. 결국 나중에는 많은 사람들이 "사실 나도 그렇게 생각했어"라고 말하게 된다. 하지만 누군가 먼저 말하지 않으면 아무 일도 일어나지 않는다.

물론 혼자라는 감각은 두렵다. 고립감, 불안감, 외면받을지도 모른다는 공포감이 따라온다. 그러나 그 두려움 속에 머물러 있으면 우리는 영원히 타인의 기준으로만 살아가게 된다. 나만의 생각, 나만의 감정, 나만의 방식이 무시당하는 삶은 과연 진정한 삶이라 할 수 있을까? 나는 그렇게 믿지 않았다.

내가 말하는 '자기 발전(self-development)'은 개인의 자각과 실천에서 출발한다.

남들이 가지 않은 길을 걸어갈 수 있는 용기, 기존의 질서를 의심할 수 있는 지성, 침묵을 깨는 표현의 자유. 이 모든 것은 집단이 아닌 개인일 때 가장 뚜렷하게 드러난다. 집단에 속해 있을 때는 보이지 않던 진실도 혼자가 되면 비로소 선명하게 보인다. 당신이 변화시키고 싶은 것은 무엇인가? 그것이 설령 아주 작고 보잘것없는 일이어도 상관없다. 중요한 것은 첫 시도다.

가족 안에서 새로운 대화를 시도하는 일, 한 번도 해보지 않던 일을 시도해보는 일, 조직 안에서 이전과는 다른 기준을 제시하는 일, 사회적 통념에 반하는 생각을 공개적으로 밝히는 일…….

이 모든 시도는 작은 변화의 시작이 될 수 있다. 변화를 위해 반드시 큰 권력이나 자원이 필요한 것은 아니다. 필요한 것은 자기 신념에 대한 믿음과 그 신념을 행동으로 옮길 수 있는 용기다.

나는 철학자로서 많은 논문을 썼지만, 세상을 바꾸는 진짜 힘은 책 속에 있는 문장이 아니라, 그것을 읽고 행동하는 개인에게 있다고 믿는다. 더 나아가 나는 개인이 변화의 주체가 될 수 있다는 믿음이야말로 민주주의의 기초라고 생각한다. 다수의 의견이 항상 옳은 것은 아니다. 때로는 한 사람의 이견이 전체 사회의 윤리를 진일보시키는 단초가 되기도 한다. 이견을 말할 수 있는 자유, 그리고 그 이견을 실천으로 옮길 수 있는 용기야말로 진정한 시민의 자세다.

사회는 변화를 두려워한다. 변화는 늘 혼란과 불안을 동반하기 때문이다. 하지만 정체된 질서는 결국 썩기 마련이다. 변화 없이 편안한 사회는 언젠가 가장 불편한 사회가 된다. 당신은 그 사실을 알고 있는가? 그렇다면 지금 이 순간, 질문하고 시도하는 것을 두려워하지 마라.

내가 말하는 변화란 혁명적인 무언가가 아니다. 그것은 생각의 방향을 바꾸는 작은 틈이며, 질문을 멈추지 않는 태도다. "왜 우리는 이래야만 할까요?", "꼭 이 방식이어야만 할까요?"라는 질문을 멈추지 않을 때, 사회는 비로소 방향을 틀 수 있게 된다.

그래서 나는 지금 당신에게 말하고 싶다. 변화는 단체로 시작되지 않는다. 그것은 늘 '한 사람'에서 시작된다. 그리고 그 한 사람이 바로 당신일 수 있다. 당신은 혼자가 아니다. 당신은 시작점이다. 언제나 그랬고 앞으로도 그럴 것이다.

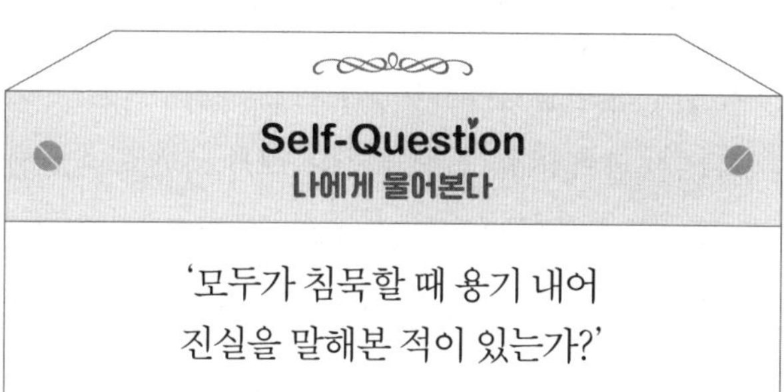

25강

용기란 나의 욕망을 있는 그대로 인정하는 것이다

자유는 인간이 마땅히 누려야 할 가장 근본적인 권리다. 그러나 나는 일찍이 깨달았다. 진정한 자유는 그저 주어지는 것이 아니라 어떤 고통과 불편, 심지어는 고독을 감수하는 용기에서 비롯된다는 사실을.

나는 표현의 자유, 삶의 방식에 대한 자유를 옹호했다. 그리고 그 자유란 단순히 법률이나 제도에 의해 보장되는 것이 아니라, 사람들이 각자 자기 삶을 설계하고 그 책임을 감당하는 실천 의지에서 비롯된다고 봤다.

그러나 그 실천 의지야말로 가장 고독한 선택이며, 가장 용기 있는 결단이다. 세상의 기준에서 벗어나 자신만의 기준으로 사는 삶은 그리 편안하거나 멋지다고만 볼 수는 없기 때문이다. 그 삶은 사실 매일 불편함과 싸워야 하는 과정이다.

그렇다고 용기를 너무 거창하게 생각하지는 마라. 용기는 그저 자신의 마음에 솔직해지는 일이다. 타인의 기대를 뛰어넘어, '나는 누구인가'라는 질문에 정직하게 답하는 일이다. 때로는 주위의 기대를 저버리고, 심지어는 이해받지 못하는 상황을 감수해야 할 때도 있지만 바로 그런 불안과 두려움 속에서만 진짜 나다움이 탄생한다.

나의 삶은 나 스스로 의미를 부여하고 책임져야 한다. 이 간단한 명제를 실천하는 데에도 반드시 용기가 필요하다.

당신은 지금 어떤 선택을 앞두고 있는가? 그 선택은 당신이 원하는 삶을 향한 것인가, 아니면 그저 '그래야 한다'는 사회의 목소리에 따른 것인가?

타인에게 아무것도 바라는 것이 없는 사람.

타인의 시선에서 자유로운 사람.

그 사람이 가장 자유롭다.

자유는 그 습성상 타인의 인정을 전제로 하지 않는다. 중요한 건 타인의 인정이 아니라 자기 자신을 인정하는 내공이다. 이런 내공은 하루아침에 생기지 않는다. 매일 조금씩 작은 결단을 통해 길러지는 것이다. 거절의 말, 거침없는 발언, 소신 있는 침묵……. 이 모든 행위는 자신에게 솔직해지기 위한 연습이다.

나는 사회적으로 무수히 많은 비판을 받았던 철학자다. 내 주장 중 일부는 급진적이라며 배척받았고, 또 일부는 그저 시대에 뒤떨어진 생각이라며 무시되기도 했다. 그러나 나는 내가 어떤 철학을 통해 인생을 살아가야 할지 분명히 알고 있었다. 비록 사람들에게 외면받을지라도 그것이 내 철학이라면 밀고 나가야 한다고 믿었다. 이것은 단순한 고집이 아니라 스스로를 존중하는 방식이다.

자신을 발전시킨다는 건 단순한 능력 향상이 아니다.

진짜 자기계발은 자기 자신에 대한 이해에서 시작된다. 내가 왜 이런 결정을 내렸는지, 왜 이런 삶의 방식을 택했는지를 분명히 아는 것. 이것이 자기계발의 핵심이다. 이 사고의 중심에는 '자유를 향한 용기'가 있다.

찬찬히 내 삶을 돌이켜보자. 내가 선택한 삶은 나 스스로에게 만족감을 주는가? 아니면 타인이 보기에만 그럴싸한 것인가? 내가 지금까지 했던 무수한 선택들은 나를 위한 것인가 타인을 위한 것인가? 그 차이는 삶의 방향을 결정짓는다. 남의 기대를 채우는 삶은 끝없이 지치고, 아무리 채우려 해도 다 채워지지 않는다. 그러나 자신에게 충실한 삶은 비록 외롭고 느릴지라도 내면의 평화를 안겨준다. 나의 자유론은 그저 철학이 아니다. 그것은 실천을 위한 가이드다. 나는 이렇게 묻고 싶다.

"당신에게는 스스로의 삶을 선택할 능력이 있는가?"

이 질문에 정직하게 답할 수 있는 사람은 많지 않다. 그러나 나는 믿는다. 반복되는 질문 속에서 우리는 점점 더 진실에 가까워질 수 있다고. 그리고 그 반복의 시작이 바로 용기라고.

우리는 때로 두려움을 숨긴다. 사람들의 반응이 두렵고, 실패할까 봐 망설인다. 하지만 두려움은 자유의 반대말이 아니다. 두려움을 이겨내지 못하는 태도야말로 자유의 반대말이다. 그러니 두려움을 인정하되, 그것에 머물지 않고 앞으로 나아가라.

당신이 두려워하는 것은 무엇인가? 무엇을 주저하고 있는가? 그것을 잘 들여다보면 마음속 깊은 곳에 들어 있던 진짜 욕망이 보일지도 모른다. 용기 있는 사람은 자신의 욕망을 제대로 간파하고, 꺼내어 말하며, 행동으로 옮긴다. 실패하더라도, 후회하더라도, 자신을 속이지 않는다. 그런 사람이야말로 진정 자유롭다고 말할 수 있다.

자유는 완성된 상태가 아니라, 끊임없이 다듬어야 하는 과정이다. 용기가 습관이 되면 그것은 삶의 방향을 결정한다. 그러니 지금 당장 당신이 할 수 있는 작은 용기를 실행에 옮겨라. "아니요"라는 한 마디, "제 생각은 좀 달라요"라는 표현, 그것이 자유로운 삶의 시작이다.

마지막으로 다시 묻겠다. 당신은 어떤 삶을 살고 싶은가? 누군가가 짜놓은 안전한 삶인가, 아니면 불완전하지만 스스로 만들어가는 진짜 삶인가? 만약 후자를 택하려면 반드시 용기가 필요하다. 불확실성을 기꺼이 감수하겠다는 다짐이 필요하다. 그것이 자유를 위한 단 하나의 자격이다.

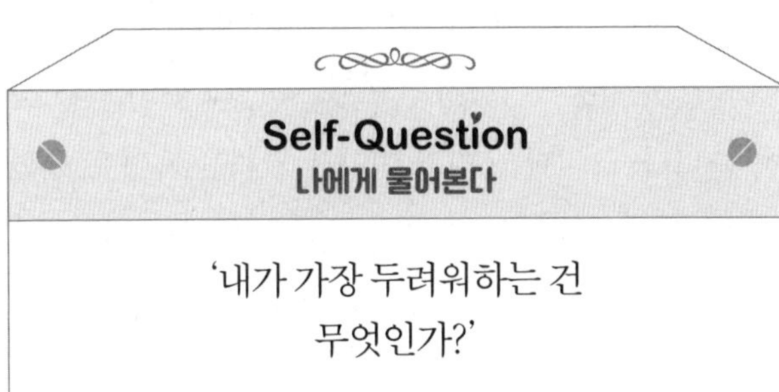

26강

욕망이 없다는 건
개성이 없다는 것과
같은 말이다

사람들은 종종 욕망을 위험한 것이라 여긴다. 욕망이 갈등을 일으키고, 실수를 낳으며, 절제를 망가트린다고 말한다. 그래서 현자들은 욕망을 내려놓는 삶이 지혜로운 것이라 설파하기도 한다. 물론 그 말이 틀린 것은 아니다. 그러나 우리가 여기서 말하는 욕망은 단편적인 부분일 뿐이다. 이 글에서는 동물적인 욕망이 아닌 다른 차원의 욕망, 즉 존재론적 욕망에 대해 이야기해보려고 한다.

　욕망이 없는 삶은 평온한 삶이 아니라, 자기결정의 근거가 사라진 삶이기도 하다. 욕망이 없는 사람을 한번 상상해보자. 그 사람이 무엇을 하고 싶은지, 무엇을 지키고 싶은지, 무엇을 바꾸고 싶은지 알 수 있겠는가? 아무것도 원하지 않는 사람에게서는 아무런 방향도 읽을 수 없다. 욕망이 사라진 자리에는 공백만이 남고, 그가 누구인지를 말해주는 표식들은 보이지 않는다. 욕망은 단순한 충동이나 일시적 감정이 아니라, 그가 어떤 사람인지를 말해주는 근본적인 힘이다.

　욕망은 행동을 자극하는 불안정한 열기가 아니라, 한 인간이 어떤 존재가 되고자 하는지 밝혀주는 뿌리라 할 수 있다. 욕망을 부정하는 순간, 인간은 자신을 드러낼 언어를 잃는다. 무엇을 바꾸고 싶은지도, 무엇을 지켜야 하는지도 스스로 설명할 수 없다면 어떻게 살아야 하는지도 알 수 없는 사람일 뿐이다. 나는 이런 생각을 할 때마다 스스로에게 묻는다.

'욕망이 없는 사람은 어디에서 자아를 찾을 수 있을까?'

어떤 조직에든 아무런 존재감이 없는 사람이 있다. 그는 맡겨진 일을 묵묵히 수행하지만 무엇이 옳은지에 대해 스스로 판단하지 않고 이미 정해진 흐름만을 조용히 따른다. 새로운 일을 감행하거나 자기 의견을 표출하지 않는다. 이런 모습이 겸손함이나 온화함으로 보일 수도 있다. 하지만 시간이 흐를수록 그 사람은 구별되지 않는 존재, 즉 개성이 없는 사람으로 평가받을 뿐이다. 욕망을 잃는다는 것은 바로 이렇게 서서히 자신의 형체를 잃어가는 일이다.

여러 사람이 모여 어떤 일을 도모할 때도 마찬가지이다. 어떤 사람은 일의 방향을 제안하고, 어떤 사람은 방법을 조율하며, 또 어떤 사람은 자신의 관점을 조심스레 내세운다. 그러나 욕망이 거세된 사람은 자신의 입지를 만들어내지 못한다. 함께하고 있지만 흔적이 별로 없는 것이다.

자기 욕망이 확실한 사람은 같은 집단에 속해 있어도 분기점마다 조금씩 다른 선택을 한다. 그 사람은 일을 대할 때도 자신만의 동기를 찾고, 그에 따라 움직인다. 때로는 그 움직임이 관습과 충돌하기도 하고, 때로는 새로운 가능성을 열어젖히기도 한다. 그러나 자기 욕망을 제대로 파악하지 못한 사람은 내부의 동기가 아니라 '충돌을 피하는 일'부터 생각한다. 무리에서 떨어져 나오는 용기보다 무리 속에 머무는 편안함을 더 우선시한다. 새로운 아이디어보다 관습적으로 행동하는 것을 택한다.

욕망 하면 동물적인 욕망부터 떠올리곤 하지만 정말 중요한 것은 존재론적 욕망이다. 만약 이 욕망이 없다면 사람은 선택의 순간에 길을 잃는다. 내가 무엇을 욕망하는지 알아야 후회 없는 선택을 할 수 있다. 욕망이 없는 사람은 선택의 기준을 타인에게 의존하게 되고, 그 의존이 반복되면 결국 자신의 삶을 스스로도 설명할 수 없게 된다.

욕망의 종류는 다양하다. 이 글에서 주로 말하고 있는 동물적인 욕망과 존재론적 욕망뿐 아니라 사회적 욕망, 문화적 욕망, 지적 욕망, 창의적 욕망 등등 여러 형태의 욕망이 존재한다. 중요한 건 사람들이 흔히 말하듯 욕망이 사람을 망치는 원인이기 이전에 그 사람의 존재 이유를 드러내주는 지표라는 사실이다. 그러

므로 지금 잘 살고 있는지 체크해보고 싶다면 당신 자
신에게 물어보자.

'나는 내가 어떤 가치를 가장 욕망하는지 파악하고 있는
가?'

만약 이 질문에 확실한 대답을 할 수 있다면 당신은
자신만의 가치관을 이미 정립한 사람이다. 그런 사람
일수록 뚜렷한 개성의 소유자라 할 수 있다. 또한 그런
사람에게는 주변의 분위기나 다른 사람의 시선 따위
는 그다지 중요하지 않게 된다. 그러므로 진정한 자유
인은 자신의 욕망을 제대로 파악하고 있는 사람이라
말할 수 있다.

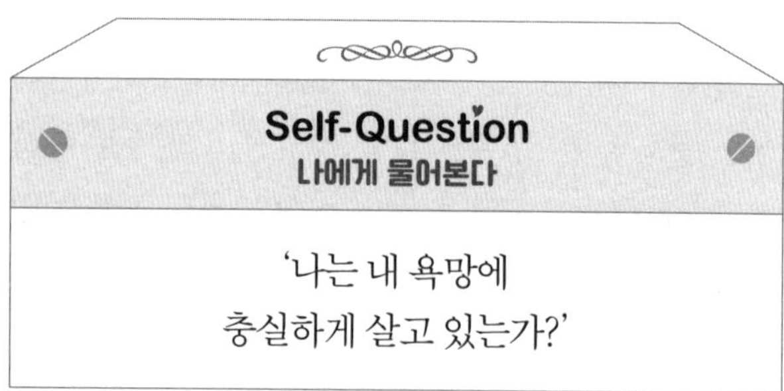

27강

끝까지
나와 함께 남는 사람은
오직 나 자신뿐이다

나는 언제부터인가 '나다움'을 지키는 것이 가장 치열한 싸움이라는 걸 깨달았다. 사회는 끊임없이 우리에게 메시지를 던진다. "그렇게 살아선 안 된다", "이렇게 말해야 한다", "그런 생각은 위험하다". 이런 사회적 압박은 아주 교묘하게 포장되어 있어 마치 불변의 가치처럼 느껴진다. 하지만 나는 그렇게 규정된 틀 안에서 숨을 쉴 수 없을 정도로 힘겨웠다. 그 때문에 더더욱 자유의 가치에 대해 고민했고 자신의 방식대로 살아갈 용기를 내야 한다고 주장한 것이다.

나는 모든 사람이 갖고 있는 저마다의 개성이 단지 허용되는 것이 아니라, 적극적으로 보호받아야 하는 가치라고 생각한다. 나다움을 지킨다는 것은 그 자체로 거대한 결단이며, 결코 사소한 것이 아니다.

'나는 지금 얼마나 나답게 살고 있는가?'
'나의 말과 행동은 정말 내 마음에서 우러나온 것인가?'

이런 질문을 스스로에게 해본 적이 있는가? 우리는 어느새 타인의 기대에 맞춰 목소리를 조정하고, 표정을 만들고, 감정을 가리며 살아간다. 그렇게 하다 보면 점점 '나'는 흐려진다. 마치 자신이 사라진 것 같은 기분에 휩싸이기도 한다. 나다움을 지키려면 먼저 '나다움'이 무엇인지 끊임없이 탐색해야 한다. 그것은 어느 날 갑자기 발견되는 것도 아니고, 누군가가 정리해서 알려줄 수도 없다. 그것은 오직 나 자신의 경험, 고민, 선택 속에서 조금씩 드러나는 것이다. 나는 철학을 통해 끊임없이 나를 탐색했고, 그 과정에서 내가 누구인지, 무엇에 분노하며 무엇에 감동하는지를 조금씩 알아갔다. 그러면서 비로소 내 길이 어디인지 윤곽이 드러나기 시작했다.

하지만 그 길이 언제나 순탄했던 것은 아니다.

나다움을 고수하는 데는 반드시 고립이 따랐다. 사회는 평균을 원하고, 무난함을 칭찬하며, 특이함을 경계한다. 그래서 많은 이들이 스스로를 감춘 채 살아간다. 그러나 나는 단언한다. 무난함은 결코 성숙함이 아니다. 자기 생각을 숨기고, 본성을 눌러가며 사는 일은 결코 고결하지 않다. 그것은 두려움의 다른 이름이다. 나다움을 지키기 위해서는 불편함을 감수해야 한다. 타인의 비웃음, 낙인, 때로는 관계의 단절까지. 그러나 그것이 진짜 나를 지켜내는 비용이라면, 나는 기꺼이 감수해야 한다고 생각한다. 왜냐하면 결국 끝까지 나와 함께 남는 사람은, 오직 나 자신뿐이기 때문이다.

내가 말한 자유란 '사회의 틀 안에서 허용된 범위 내의 자유'가 아니었다. 그것은 사상의 자유, 표현의 자유, 그리고 존재 방식의 자유였다. 그 자유는 외부로부터 주어지는 것이 아니라, 내부로부터 지켜내는 것이다.

즉, 나다움을 지켜내려는 내적인 태도가 곧 자유의 실천인 것이다.

자신의 목소리를 내는 것은 단순한 표현 행위가 아니다. 그것은 자기 정체성을 확인하고, 삶의 주도권을 되찾는 행위다. 당신은 지금 삶의 주도권을 쥐고 있는가? 아니면 누군가의 손에 넘겨준 채, 정해진 방향으로만 걸어가고 있는가? 타인의 인정을 받는 일은 순간적이지만, 자기 자신을 잃는 일은 평생의 상처로 남는다.

나는 수많은 논쟁과 비판 속에서도 내 생각을 말하는 것을 멈추지 않았다. 때로는 거센 비난을 받았고, 내 의견이 대중의 정서와 맞지 않는다는 이유로 외면당하기도 했다. 하지만 그 모든 경험이 지금의 나를 만들었다. 비판에 흔들리기보다, 내 안의 신념을 다시 점검했고, 타인의 시선보다 내 목소리에 귀 기울이려 했다. 그것이 바로 나다움을 지키는 방식이었다.

'나다움'은 단지 개성이나 독특함의 문제가 아니다. 그것은 자기 존재에 대한 존중이며, 삶을 어떻게 구성할 것인지에 대한 주체적 선언이다. 세상은 끊임없이 우리에게 정해진 틀을 요구한다. 직장인이 갖춰야 할 이상적인 태도, 가족 구성원으로서 바람직한 모습, 사회가 정해놓은 성공의 기준. 물론 이 모든 틀은 대체로 유용할 수는 있지만 그와 동시에 독이 되기도 한다.

그러므로 사회가 정해놓은 틀에 나를 맞추지 말고 나 자신을 기준으로 삼아라. 그 기준은 매일매일 성찰을 통해 단단해진다. 실수하더라도 그것이 당신의 선택이었다면 그 자체로 존중받아야 한다. 그리고 실패하더라도 그것이 나다운 길이었다면 충분히 의미가 있다. 왜냐하면 삶은 정답을 따라가는 시험지가 아니라 스스로 써내려가는 서사이기 때문이다.

당신은 지금 그 서사를 어떻게 쓰고 있는가? 혹시 누군가의 펜을 빌려 쓰고 있는 것은 아닌가? 이제 그 펜을 당신의 손으로 되찾아야 한다. 나다움을 지킨다는 것은 결국, 자기 삶의 주인이 되는 것이다. 그것이야말로 가장 어려운 일이지만 동시에 가장 위대한 싸움이다.

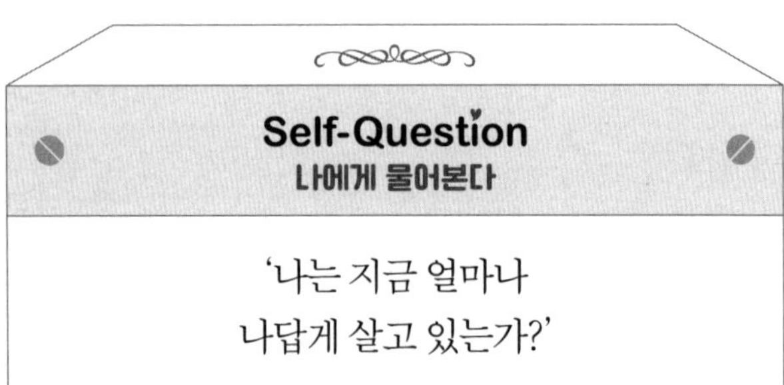
Self-Question
나에게 물어본다

'나는 지금 얼마나
나답게 살고 있는가?'

나의 가능성은
나의 판단에서 시작된다

나는 오랫동안 인간이 왜 삶의 여정에서 멈춰 서는지에 대해 고민했다.

어떤 사람은 외부의 압력 탓이라고 했고, 어떤 사람은 시대의 불운 때문이라 이야기했다. 그러나 나는 점점 더 분명히 확신하게 되었다. 우리가 인생이라는 길 위에서 더 나아가지 못하는 결정적인 이유는 외부 요인이 아니라 내면 즉, 자기 자신 때문이다. 나는 그것을 누구보다 뼈저리게 경험했다.

내가 말한 자유란 단순히 정치적 자유나 제도적 권리를 의미하지만은 않는다. 그것은 훨씬 더 내면적인 차원의 이야기, 철학적이고 사색적인 이야기에 가깝다. 나는 인간이 자율적으로 사고하고 삶을 선택할 수 있어야 한다고 보았다. 자유란 곧 자기 자신을 실험하고 확장할 수 있는 권한이며, 그 실험을 가로막는 가장 단단한 벽은 종종 자기 자신 안에 있다.

당신은 지금 어떤 가능성을 포기하고 있는가? 당신 안의 어떤 목소리가 "안 돼", "너는 거기까지야"라고 속삭이고 있는가? 어떤 사람의 자기부정은 때때로 주변 사람들의 언어와 닮아 있다. 어린 시절 들었던 말, 실패를 겪으며 들었던 조롱, 세상의 기준에 미치지 못했던 순간들……. 그 모든 기억이 내면에 스며들어 스스로의 가능성을 제한하는 족쇄가 된다. 그러나 나는 묻고 싶다. 정말로 그 말들이 사실이었는가? 아니면 당신이 그 말들을 진실로 받아들인 것인가?

인간은 사고하는 존재다. 그리고 사고는 곧 선택이다. 우리는 매일 뭔가를 선택한다. 자신을 믿을 것인가, 의심할 것인가? 앞으로 나아갈 것인가, 물러설 것인가? 나는 반복해서 말하고 싶다. 가능성이란 외부로부터 오는 것이 아니다. 그것은 '나도 가능하다'고 말하는 자신의 의지, 판단, 태도에서 시작된다. 타인이 아무리 격려해도, 당신이 스스로를 믿지 않으면 아무 일도 일어나지 않는다.

나는 내 철학적 여정에서도 수많은 제한과 맞서야 했다. 세상은 나에게 끊임없이 틀을 강요했다. "이 정도면 충분하다", "그 이상은 욕심이다." 이런 말들이 너무도 익숙하게 들려왔지만, 나는 그 말들을 귀담아듣지 않았다. 아니 더 정확히 말하자면 듣지 않으려고 애썼다. 하지만 때로는 그 말들에 휘둘려서 나 스스로도 자신을 믿지 못했고, 그 탓에 멈춰 서 있기도 했다. 그러나 중요한 건 멈춰 선 자리에서 출발했다는 것이다. 그렇게 계속 멈춤과 출발을 반복하다 보니 지금 이 자리까지 오게 되었다.

자기의 가능성을 믿는다는 것은 단순한 낙관주의가 아니다. 그것은 훈련이고, 철학이다. 가능성은 '무조건 된다'는 맹신이 아니라, '해볼 만하다'는 판단이다.

그러므로 나는 묻고 싶다. 당신은 스스로를 가능성이라는 문 앞에 세워두고 들어가지 못한 채 망설이고 있는가? 아니면 그 문을 열기 위해 손을 뻗고 있는가?

우리가 흔히 하는 실수는 조건을 기다리는 것이다. 더 준비되면, 더 여유가 생기면, 더 완벽해지면, 그때 시작하겠다고. 그러나 나는 단언할 수 있다. 완벽한 조건은 오지 않는다. 가능성이란 준비가 아니라 시작 속에서 자란다. 오히려 시작하지 않기 때문에 가능성이 좁아지는 것이다.

그리고 나는 강조하고 싶다. 가능성을 막는 가장 큰 함정은 '비교'다. 우리는 타인의 속도와 크기를 기준으로 스스로를 측정한다. '저 사람은 저만큼 하는데 나는 왜 이럴까?' 이런 비교의 말은 늘 자신의 존재를 위축시킨다.

그러나 나는 말하고 싶다. 삶은 경주가 아니다. 누구보다 빨리 달리는 것이 중요한 게 아니다. 자기 방향으로 나아가는 것이 전부다. 나 역시 철학자로 살아오며 타인의 평가에 흔들릴 때도 많았다. 그러나 그때마다 나를 붙잡아준 한 문장이 있었다.

나의 가능성은 나의 판단에서 시작된다.

내가 나의 가능성을 부정하는 순간, 그 누구도 나를 도울 수 없다. 하지만 내가 나를 믿기 시작하는 순간, 모든 것이 조금씩 달라진다. 나는 그것을 경험으로 안다. 믿음은 기회를 부른다. 기회는 시도를 낳는다. 그리고 시도는 결국 삶을 바꾼다. 가능성을 믿는다는 것은 실패를 감수하겠다는 뜻이다. 불확실함을 받아들이겠다는 뜻이다. 또한 자신의 삶을 책임지겠다는 선언이다. 당신은 자신의 가능성을 제한할 수도 있고 확장할 수도 있다. 그 열쇠는 자신의 손에 있지 그 누구에게도 있지 않다.

당신은 지금 자기 자신에게 어떤 이야기를 들려주고 있는가? "너는 괜찮아. 아직 충분히 가능해." 누군가 이렇게 말해주기를 원한다면 그 누군가는 바로 당신 자신이어야 한다. 자기 자신을 수용하지 않으면, 아무것도 시작할 수 없다.

나는 마지막으로 말하고 싶다. 가능성이란 허락이다. 타인의 허락이 아니라, 자기 자신의 허락을 받아야 한다. 실수할 자유를, 시도할 권리를, 실패하고 다시 일어날 가능성을.

당신은 자신의 가능성을 제약할 수도 있지만, 동시에 그 가능성의 문을 활짝 열 수도 있다. 그러니 나는 묻고 싶다. 오늘 당신은 스스로에게 무엇을 허락했는가? 멈춤인가, 아니면 도전인가? 가능성은 지금 이 순간의 선택이다. 그리고 그 선택은 오직 당신의 몫이다. 당신의 가능성은 당신 자신 안에 있다.

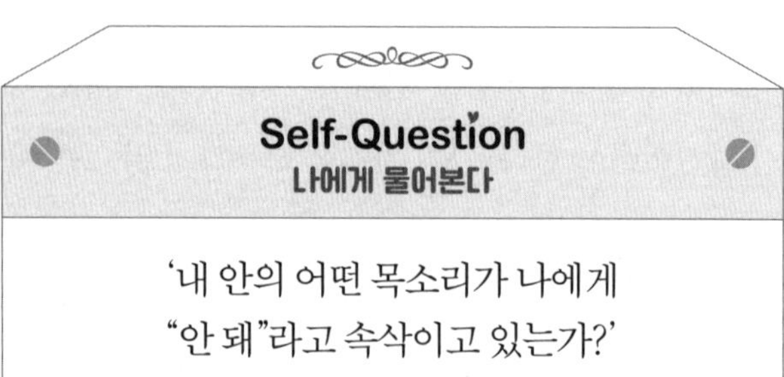

29강

권위에 질문을 던질 때,
인간은 성장한다

나는 살면서 수많은 권위와 마주했다. 그것은 제도였고, 사회였고, 때로는 상식이나 통념이라는 얼굴로 포장돼 있었다.

많은 사람들이 권위에 순응하며 살아간다. 그것이 익숙하고 편하기 때문이다. 그러나 나는 다른 길을 택했다. 권위에 질문을 던졌고, 그 질문을 멈추지 않았다. 그 과정이 때로는 외로웠고 불편했으며, 때로는 격렬한 저항에 부딪히기도 했다. 하지만 나는 단 한 번도 후회하지 않았다. 왜냐하면 그 질문들 속에서 나 자신을 찾았기 때문이다.

내가 가장 강하게 주장한 것 중 하나는 질문할 권리다. 우리는 어릴 때부터 순종을 배운다. 사회의, 제도의, 어른의 가르침을 그대로 받아들이는 것을 미덕처럼 여긴다. 그러나 나는 말했다. 아무리 오래된 전통일지라도, 아무리 많은 이들이 따르고 있는 가치일지라도, 그것이 진리라는 보장은 없다고. 진리는 질문을 거쳐야만 살아남는다. 질문이 허용되지 않는 사회는 사고하지 않는 사회나 다름없다. 그리고 그런 사회에서 인간은 더 이상 자율적인 존재일 수 없다.

나는 당신에게 묻고 싶다. 지금 당신이 믿고 있는 것은 진짜 자신의 믿음인가? 아니면 타인이 심어놓은 믿음을 무의식적으로 받아들인 것인가? 우리는 흔히 자신이 '생각하고 있다'고 믿지만, 그 생각조차도 타인의 시선과 판단으로 구성되어 있는 경우가 많다. 학교에서 배운 것, 부모에게 들은 것, 사회가 옳다고 한 것. 그것들을 한 번쯤 의심해본 적이 있는가?

자신의 능력을 발견하고 키워나간다는 건 단순히

효율을 높이고 목표를 달성하는 기술의 문제가 아니다. 그것은 자기 존재의 뿌리를 찾는 과정이다. 나는 '성장'이라는 단어의 본질이 권위에 질문을 던지는 데서 시작된다고 믿는다.

왜냐하면 질문은 나와 타인을 구분 짓게 하고, 자신만의 철학을 세우는 기회를 주기 때문이다. 질문 없이 사는 사람은 자기 인생을 다른 사람의 기준에 맡기는 것과 같다. 그 인생은 편할지 몰라도 깊이는 없다.

나는 수차례 말과 글로 기존의 권위에 반기를 들었다. 그 대상이 정치든, 종교든, 사회의 도덕적 규범이든 상관없었다. 그 권위가 인간의 자유를 침해하고 사고를 억누르며 다양성을 억압할 때, 나는 가만히 있을 수 없었다. 비록 그 질문이 비난과 공격을 불러일으켰고 나의 사상이 불온하다는 말까지 들었지만 나는 단단해졌다. 왜냐하면 나 스스로 내면의 목소리를 외면하지 않았기 때문이다.

자유로운 인간이 되기 위해서는 권위에 '질문하는 용기'가 필요하다.

그것은 단순히 말하는 용기와는 다르다. 어떤 종류의 권위든 그 단단한 벽에 질문을 던진다는 건 내면의 깊은 각성 없이는 불가능하다. 그것은 자신에게도 불편한 일이기 때문이다. 내가 그동안 믿어왔던 것, 내가 당연하다고 생각했던 기준을 부정하는 것이기에, 어떤 사람에게는 고통스러울 수도 있다. 하지만 나는 믿는다. 그 고통을 통과한 사람만이 진짜 자신의 철학을 만들 수 있다고.

당신은 언제 마지막으로 '왜'라고 물어봤는가? 그 질문 앞에서 불편함을 느낀 적이 있는가? 그리고 그 불편함을 회피하지 않고 끝까지 물고 늘어져본 적이 있는가? 나는 그 질문의 반복 속에서 나 자신을 이해하게 되었고, 세상을 다르게 바라보게 되었다. 진실은 늘 질문하는 사람에게 먼저 찾아온다.

우리는 종종 권위에 '복종'하는 것과 '존중'하는 것을 혼동한다. 그러나 이 둘은 같지 않다. 존중은 무비판적인 수용이 아니다. 존중하면서도 비판할 수 있고 질문을 던지면서도 신뢰를 쌓을 수 있다. 바꿔 말하면 질문이 배제된 존중이란 맹종에 가깝다. 나는 당신이 질문하기를 바란다. 그것이 자신을 더 자유롭게 만들어줄 것이다.

세상은 질문을 불편해한다. 왜냐하면 질문은 체계를 흔들고, 권위의 기반을 뒤흔들기 때문이다. 그래서 질문하는 사람은 때로 '불편한 사람'으로 취급받는다. 하지만 그 불편함이 있어야 세상은 조금씩 나아간다. 당신이 먼저 질문하지 않는다면, 누가 질문을 대신해 주겠는가? 당신이 스스로를 속인 채 침묵 속에 안주한다면, 당신 삶의 주인은 과연 누구인가?

나는 믿는다. 한 사람의 질문이 사회를 바꾼다. 그리고 그 변화는 늘 내부로부터 시작된다. 당신 자신에게 정직할 수 있다면 외부의 어떤 권위도 당신을 완전히 지배할 수 없을 것이다. 나의 철학은 늘 그 지점에서 출발했다. 외부의 권위에 질문을 던짐으로써, 내부의 주체를 세우는 것. 그것이 진짜 '나'로 살아가는 길이다.

오늘도 어떤 종류의 권위는 당신에게 말한다. "이렇게 살아야 해", "이런 게 정상이지", "그건 네가 감히 말할 수 있는 게 아니야." 그러나 정말 그런가? 당신 삶에 대한 해답이 정말 어떤 권위에서 비롯되는가? 혹시 당신이 믿고 있는 그 권위는 오래된 허상은 아닌가?

나는 당신이 질문하는 사람이 되었으면 한다. 불편함을 회피하지 않고, 진실을 추구하며, 자신의 목소리에 책임지는 사람. 그런 사람이야말로 자신의 존재를 능동적으로 구성하는 사람이다. 권위에 질문을 던지는 순간, 당신은 더 이상 객체가 아니라 주체가 된다. 그리고 그 주체성이야말로 자유의 본질이다. 질문은 자유의 시작이다. 그리고 그 자유는 당신을 당신답게 만든다. 그러니 스스로에게 질문하라.

'나는 지금, 누구의 기준으로 살고 있는가?'

그리고 이 질문이 끝까지 당신의 삶을 밀고 나가게 하라. 그것이 진정한 자기계발이며 존재의 발견이다.

Self-Question
나에게 물어본다

‘나는 지금,
누구의 기준으로 살고 있는가?’

30강

비판은 적이 아니라
또 하나의 스승이다

나는 살면서 숱한 비판에 부딪혔다. 내가 옹호한 자유, 내가 써 내려간 글, 내가 내세운 사상이 누군가에겐 희망이었지만, 또 다른 누군가에겐 불편한 진실이거나 불온한 생각이었기 때문이다. 나의 철학이 언제나 환영받은 것은 아니었다. 내가 믿고 따랐던 진리를 누군가는 위협으로 받아들일 때, 나는 더욱 신중해질 수밖에 없었다. 그렇기에 나는 자주 스스로에게 이런 질문들을 던져야 했다.

'나는 왜 이런 생각을 하게 되었나?'

'나의 주장은 충분히 타당한가?'

'다른 시각에서 보면 이 문제는 어떻게 달라 보일까?'

'나는 내가 틀릴 수도 있다는 가능성을 받아들일 준비가 되어 있는가?'

내가 중요하게 여긴 것은 단지 표현의 자유가 아니었다. 나는 언제나 확신했다. 서로 다른 의견이 충돌하고, 논쟁이 허용되는 사회야말로 진리가 솟아날 수 있는 공간이라는 것을. 반대로 침묵을 강요받고, 질문이 사라진 사회는 사고의 흐름이 멈추고 만다. 그것은 지식의 퇴보이며, 자유의 퇴색이다. 그와 마찬가지로 비판을 받아들이지 않는 사람은 지적으로도 멈춰버린다. 비판이 멈춘 자리엔 확신이 자라고, 확신은 곧 독선이 된다.

당신은 마지막으로 누군가의 비판을 온전히 받아들였던 때가 언제였는가? 그 순간 자신을 돌아보았는가? 아니면 방어적인 태도로, 조용히 반박의 논리를 준비했는가? 인간은 본능적으로 비판을 회피하려 한다.

누구나 자기 보호 본능이 있기 때문이다. 그러나 보호받고 싶고 인정받고 싶은 욕구에만 매달리면 우리는 성장을 포기하게 된다. 진정한 성장은 자기애와 자기 반성을 동시에 품을 때 시작된다. 그 균형을 깨는 가장 흔한 요인이 바로, 비판에 대한 공포다.

성장에는 두 가지 요소가 필요하다. 하나는 '성찰'이고, 다른 하나는 '비판'이다. 성찰은 자기 내면에 대한 질문이고, 비판은 바깥에서 오는 자극이다. 이 두 가지가 균형을 이룰 때 우리는 더 넓고 깊게 뻗어나갈 수 있다.

비판 없는 성찰은 자기 위안에 불과하고, 성찰 없는 비판은 마음을 다치게 한다. 나를 둘러싸고 있는 세상과 늘 긴장감을 유지해야만 사고는 살아 움직인다. 이런 맥락에서 나는 나를 비판했던 사람들을 경시하지 않았다. 내 철학에 이의를 제기했던 사람들, 내 주장의 빈틈을 파고들었던 사람들. 그들이야말로 나를 더 넓은 세계로 이끌었다. 어떤 비판은 날카로웠고, 어떤 비판은 오해에서 비롯된 것이었다. 그러나 나는 그 모든 반응을 일단 받아들였다. 그들과의 긴장감 속에서 나의 사유는 더 선명해졌고, 내 태도는 더 단단해졌다. 만약 그들의 존재가 없었더라면 나는 더 안락한 확신 속에 안주했을지도 모른다.

혹시 당신은 지금 비판을 '공격'으로만 받아들이고 있지는 않은가? 그 말이 당신의 본질을 부정한다고 느끼지는 않았는가? 그러나 비판이란 반드시 당신을 향한 적의가 아니다. 어쩌면 그것은 당신을 둘러싼 세계가 보내는 신호일 수도 있다. 그것을 있는 그대로 해석하려면 우선 나 자신이 흔들려도 괜찮다는 용기를 가져야 한다. 그렇기에 우리는 비판의 뿌리를 파악해야 한다. 반박하기에 앞서 이해하려고 노력하고 감정적 동요가 아닌 질문으로 화답해야 한다.

나는 묻고 싶다. "무엇이 당신을 비판으로부터 움츠러들게 하는가?" 혹시 그 지적이 당신의 약점을 정확히 건드렸기 때문인가? 아니면 그 말 한 마디가 당신의 존재 자체를 부정하는 것처럼 느꼈기 때문인가? 그러나 진정한 자유는 바로 그러한 두려움과 분노를 넘어서려는 태도에서 시작된다. 당신이 흔들리는 그 순간, 비로소 깊은 성찰이 시작될 수 있다. 자기계발이라고 하면 흔히들 '계획', '목표', '몰입'을 강조한다. 그러나 나는 단언한다. 비판을 견디는 능력이 없다면 어떤 변화도 일어나지 않는다.

외부의 시선과 반응에 전혀 흔들리지 않겠다는 확신이야말로 착각일 수 있다. 우리는 결국, 타인의 시선 속에 비친 내 모습을 통해 새로운 나를 발견한다. 때로는 그 시선이 왜곡되어 있지만 그 안에도 진실이 숨어 있다. 그것을 발견하는 능력. 그것을 키워야 성숙한 인간이 된다.

나도 수없이 흔들렸다. 때론 나의 사상 앞에서 내 자신이 작아졌고, 때론 논란이 두려워 침묵하고 싶었던 순간도 있었다. 하지만 결국 나를 일으켜 세운 건, 그 비판을 껴안고 나를 새롭게 보는 태도였다. 나는 완벽하게 흔들리지 않는 인간이 아니라, 수없이 흔들리면서도 다시 나를 세우는 인간이 되고 싶었다. 그 과정이 나를 철학자로 만들었고, 또 인간으로서 더 겸손하게 만들었다.

비판은 고통을 동반한다. 비판은 낯설고 불편하다. 그 상처와 고통은 자극이 되고 정체되어 있는 사유를 흔드는 촉매가 된다. 깊은 고통을 동반하지 않고 나온 사유는 묽어지고, 변화를 두려워하는 사유는 관성에 머물고 만다.

나는 당신에게 말하고 싶다. 비판을 피하지 말고, 오히려 반갑게 맞이하라. 당신의 믿음이 얼마나 튼튼한지 확인할 수 있는 절호의 기회가 바로 거기에 있다. 그 기회를 자주 만날수록 당신의 생각은 더 견고하고 명료해질 것이다.

진짜 자유는 단단한 내면을 가진 사람만이 누릴 수 있다. 그리고 그 내면은 수많은 성찰과 비판을 통과한 이후에야 비로소 단단해진다. 그러니 기억하라. 비판은 적이 아니다. 비판은 당신을 성장시키는 또 하나의 스승이다. 당신이 그 스승의 말을 듣는 태도를 취한다면 자유는 단순한 개념이 아니라 삶 속에서 실제로 작동하는 힘이 될 것이다.

Self-Question
나에게 물어본다

'나는 비판을
스승으로 삼을 준비가 되어 있는가?'

31강

나에게는 나의 삶을
실험할 자유가 있다

내가 살면서 가장 많이 들었던 질문은 이것이었다. "당신은 왜 그렇게까지 자신만의 길을 고집하는가?" 나는 대답하지 않았다. 그저 나의 삶 전체로 그 질문에 응답해왔다. 그리고 지금은 말할 수 있다. 나는 끝까지 나로 살아내고 싶었기 때문이라고.

나는 한 인간이 자신의 삶을 실험할 자유를 가져야 한다고 말했다. 그 실험이 고통스럽든, 사회의 기준에서 벗어나든, 실패를 거듭하든 그건 중요한 게 아니다.

그 실험이 타인에게 고통을 주는 것만 아니라면, 사회적 기준에서 성공하지 못했다 하더라도 궁극적으로는 그 사람에게 더 소중한 경험을 안겨준다. 그 삶이 진짜 자신의 삶이라면 그것만으로도 충분하다. 나 역시 누구도 대신 살아줄 수 없는 이 삶을 가능한 한 온전히 나의 것으로 만들고 싶었다.

진정한 자유는 법과 제도로 보장한다고 해서 완성되는 것이 아니다. 그것은 좀 더 넓은 범위의 문제로 스스로 자유를 어떻게 다루느냐에 대한 문제다. 타인의 시선에 흔들리지 않고, 내면의 목소리에 귀 기울이며, 끊임없이 자기 자신과 대화하는 사람. 그런 사람이야말로 자유로운 인간이며, 결국에는 성공한 인간이라 할 수 있다.

오늘 당신은 누군가에 의해 '기획된 삶'을 살고 있는건 아닌가? 우리가 진짜 두려워해야 할 것은 실패가 아니라, 평생 남의 삶을 살다가 내 인생을 잃어버리는 일이다.

나는 철학자로서, 글을 쓰는 사람으로서, 무엇보다 인간으로서, 수없이 흔들렸다. 내 사상이 환영받지 못할 때도 있었고, 나의 목소리가 불편하다고 외면당한 적도 많았다. 하지만 나는 물러서지 않았다. 나를 지키기 위해 싸워야 했고, 때로는 침묵하고, 때로는 크게 외쳤다. 그 모든 과정은 단 하나의 목적, 즉 '나 자신으로 살아남는 것'을 향한 것이었다.

진짜 성공은 외부의 칭찬만으로는 충족될 수 없다. 사회적으로 성공했음에도 공허함을 느끼는 사람이 존재하는 건 바로 이 때문이다. 당신은 당신 자신을 존중할 수 있는가? 하루를 마감할 때, 거울 앞에 선 나에게 "오늘도 너답게 잘 살았구나"라고 말할 수 있는가? 만약 그렇다면 성공한 것이다.

당신이 원하는 지위를 얻었더라도, 사회적 인정을 받았더라도 그 과정에서 자신의 본질적인 부분을 버렸다면 그것은 성공이라 말할 수 없다. 그것은 교환일 뿐이다. 그리고 그 대가는 너무도 크다. 나는 늘 나다움을 지키는 일이 가장 어려운 싸움이라고 믿었다. 왜냐하면 세상은 끊임없이 우리를 틀에 맞추려고 하기 때문이다. 정답을 강요하고 속도와 방향을 규정한다. 그러나 인간은 기계가 아니다.

우리는 각자의 고유한 리듬을 가지고 태어났다. 그 리듬을 잃지 않기 위해선, 세상의 기준을 끊임없이 의심하는 용기가 필요하다.

당신은 지금 어떤 싸움을 하고 있는가? 혹시 자신을 속이며 억지로 미소 짓고 있는 건 아닌가? 혹시 '다들 그렇게 사니까'라는 말로 자기 삶의 방향을 정하고 있지는 않은가? 그렇다면 나는 말하고 싶다. 그 길은 당신의 길이 아닐 수도 있다.

끝내 나로 살아내는 것. 그것은 고집과는 다르다. 그것은 철학이고 태도이며 삶에 대한 결의다. 아무리 고통스러워도, 아무리 외로워도, 내가 선택한 삶이라는 이유 하나로 버텨낼 수 있는 힘. 나는 그 힘을 믿는다. 그 힘은 타인으로부터 오는 것이 아니다. 오직 나의 내면에서 우러나온다.

당신은 어떤 순간에 가장 나답다고 느끼는가? 누구의 허락 없이도, 누구의 평가 없이도, 그저 나라는 존재만으로 충만하다고 느낄 때가 있는가? 만약 이 질문에 기꺼이 그렇다고 답할 수 있다면 그 사람은 진정으로 성공한 사람이라 할 수 있다.

나는 내 삶에서 수많은 것을 잃었고, 수많은 것을 포기했다. 하지만 그 무엇과도 바꿀 수 없는 단 하나를 얻었다. 그것은 바로 존엄한 자기 자신이다. 나는 나로 살아냈고, 그것이 내가 말하는 성공이다. 당신도 그렇게 살 수 있다. 아니, 그렇게 살아야 한다. 이 삶은 당신의 것이다. 오직 당신만이 주인 노릇을 할 수 있다.

세상의 어떤 평가도, 어떤 기준도, 스스로를 인정하는 것만큼 귀하지는 않다. 그러니 부디 스스로 존중할 수 있는 나를 잃지 마라. 그렇게만 인생을 걸어간다면 그 길 끝에서 비로소 알게 될 것이다. 그것이야말로 진짜 성공이라는 것을.

32강

결과를 외면한 자유는 설익은 과일처럼 해가 될 뿐이다

사람은 매일 선택을 하며 살아간다. 눈을 뜨는 순간부터 잠들기 직전까지 우리는 말하고 행동하며 결정한다. 무의식적인 습관처럼 반복되는 작은 선택부터 인생의 방향을 결정짓는 선택까지, 삶은 선택이 누적된 결과물이다. 우리는 그 선택을 통해 자신의 삶을 구성하고, 나라는 존재를 구체화한다. 그렇기에 대부분의 사람들은 자유로운 선택의 권리를 당연한 것으로 여긴다. 나는 내 인생의 주인이고, 내가 무엇을 선택하든 그것은 나의 권한이라는 생각. 하지만 정말 그럴까? 나의 선택은 나만의 것일까?

내가 어떤 선택을 하기까지 타인이 나에게 미친 파장은 어느 정도일까? 당신은 이에 대해 생각해본 적이 있는가? 물론 자유로운 선택은 멋진 개념이다. 누구의 간섭도 받지 않고 스스로의 가치에 따라 결정하며 자신의 길을 걷는다는 것. 이것은 자율적인 인간의 이상적인 모습이다. 그러나 무수히 많은 사람들과의 관계 속에서 이를 실천하기란 꽤 까다로운 일이다. 내가 내린 결정이 누군가의 마음을 다치게 하고 또 다른 누군가의 기회를 앗아가며 삶의 방향에 큰 영향을 미친다면, 과연 나만의 것이라 할 수 있을까? 자유의 본질은 권리가 아니라 책임이다. 내가 자유롭게 말하고 행동할 수 있는 것은, 그 결과에 대해 감당할 수 있을 때에만 정당성을 갖는다. 이런 이유로 선택은 그 자체보다 결과로 평가받아야 한다. 결과를 외면한 자유는 설익은 과일처럼 해가 될 뿐이다.

"나는 나대로 살겠다"고 말하는 사람은 많다. 그러나 그 말이 누군가에게 상처를 주거나, 아니면 누군가를 배척하고 차별할 수도 있다는 걸 고려하는 사람이 얼마나 될까? 자신의 신념을 표현한다는 이유로 타인의 존엄을 무시하거나, 무례하게 굴거나, 오만한 태도를 정당화하는 것은 과연 올바른 자유의 행사인가? 우리는 종종 '의도'를 내세우며 책임을 회피한다. "그런 뜻은 아니었다", "상처가 될 줄 몰랐다", "나는 그냥 솔직했을 뿐이다." 하지만 이런 말들은 대부분 타인의 아픔을 돌아보지 않겠다는 선언에 가깝다. 진정한 자유는 의도를 따지지 않는다. 그저 결과를 바라보는 정직함, 그리고 그 결과에 따르는 윤리적 감각에 충실하다.

내가 던진 말이 누군가의 내면을 흔들고, 내가 한 행동이 누군가의 하루를 무너뜨렸다면, 그 사실을 외면해서는 안 된다. 많은 사람들이 '나는 옳다'는 확신으로 선택을 밀어붙인다. 그러나 사전에 '이 선택이 타인에게 어떤 파장을 일으킬 것인가?'라는 질문을 하지 않았다면, 그 선택은 성숙한 것이 아니다.

선택의 무게는 나의 확신이 아니라 타인의 삶에서 드러난다. 그렇다면 나는 지금까지 나의 선택이 만든 결과를 얼마나 돌아보며 살아왔는가? 누군가에게 불편을 주거나 상처를 준 적은 없는가? 그 결과를 외면한 채 "나는 내 방식대로 했을 뿐"이라고 말하고 있지는 않은가?

진짜 선택의 자유는 그것이 낳을 결과까지 상상하는 데 있다. 나의 선택이 타인의 상황, 감정, 현실 속에서 어떻게 작동할지를 예측하는 능력, 그리고 그에 따라 행동을 조정하는 유연함은 자유의 필수 조건이다.

"상처 주려고 그런 건 아니야"라는 말보다는 "나의 말과 행동으로 그런 결과를 낳았다면, 그것에 책임지겠다"는 말이 더 자유로운 태도다. 관계를 외면하지 않는 말이기 때문이다. 자유란 결국 고립된 선택이 아닌, 연결된 영향력의 자각이다. 우리는 관계 안에서 존재하며, 내가 하는 모든 말과 행동은 타인에게 도달한다. 그것은 무의식적으로 남겨지는 흔적이기도 하고, 의식적인 영향력이기도 하다. 어느 쪽이든 우리는 그 결과를 무시해서는 안 된다. 진정한 자유인은 자신의 선택이 다른 사람의 존엄, 권리, 감정에 어떤 영향을 미칠 수 있는지를 민감하게 감지할 줄 아는 사람이다. 그는 말하기 전에 생각하며, 행동하기 전에 상상하고, 결

과 앞에서 피하지 않는다. 그런 사람이야말로 자신의
자유를 온전히 누릴 자격이 있다.

> "내가 오늘 한 말이 누군가에게 어떤 기분을 안겨주었을
까?"
> "내가 내린 결정이 타인의 기회를 빼앗은 것은 아닐까?"
> "이 자유는 정말 나만의 것인가, 아니면 누군가의 희생 위
에 세워진 환상인가?"

이런 질문을 일상적으로 던지는 사람은 단지 예의
바른 사람이 아니라, 자유로운 사람이다. 왜냐하면 그
는 스스로를 중심에 두되, 타인을 배제하지 않기 때문
이다. 그는 나의 삶과 타인의 삶이 분리될 수 없다는
사실을 알고 있으며, 그 연결 속에서 진짜 자유가 실
현된다는 점을 이해하고 있다. 선택은 곧 책임이고, 그
책임이 무거울수록 선택의 깊이도 깊어진다.

자유로운 삶을 원한다면, 우리는 선택을 더 신중히
해야 한다. 말의 무게를 더 생각해야 하며, 행동의 파
장을 더 자각해야 한다. 이렇듯 책임을 수반한 선택만

이 진정한 자유를 만든다. 타인의 삶에 대한 감각이 없는 자유는 결국 방종이 되고, 고립이 되고, 스스로를 무너뜨리는 도구가 된다. 그러므로 나는 당신에게 다시 한번 묻는다. 당신은 자유롭게 살고 있는가, 아니면 누군가의 삶 위에 쌓은 허상의 자유를 누리고 있는가?

'누군가에게 불편을 주거나
상처를 준 적은 없는가?'

33강

타인의 고통을 외면한 자유는 환상이다

자유는 누구에게나 매혹적인 말이다. 누군가에게 간섭받지 않고, 스스로 결정하고 행동하며, 자기만의 기준으로 살아가는 삶. 누구나 그런 자유를 갈망하며 살아간다. 우리 모두는 타인의 시선으로부터 벗어나고 싶고, 평가받고 싶지 않고, 내 안의 목소리에 충실하고 싶다. 그래서 우리는 자주 말한다. "이건 내 삶이야", "난 내 방식대로 살 거야." 그러나 이렇게 주장하는 자유는 진짜일까? 그 자유는 누구의 삶 위에서 세워졌으며, 누구의 고통을 딛고 만들어진 것일까?

자유는 절대 홀로 존재할 수 없다. 그것은 반드시 타인과의 관계 속에서 구체화된다. 아무리 나만의 생각과 표현이라고 해도 그것은 결국 타인에게 전달되고, 해석되며, 영향을 준다. 그런 점에서 자유는 언제나 윤리와 연결되어 있다. 윤리가 없는 자유는 다른 사람의 감정을 짓밟는 폭력이 되기 쉽다. 누군가의 존재를 부정하거나, 상처를 줘도 괜찮다고 여기는 자유는 환상이다. 그것은 자유라는 가면을 쓴 이기심이고, 자기 확신이라는 포장을 쓴 둔감함일 뿐이다.

사람들은 너무나 쉽게 "내 의도는 그게 아니었어"라고 말한다. 내가 던진 말이 누군가에게 상처를 줬을 때, 그런 반응을 들었을 때, 많은 사람들은 당황하며 이렇게 말한다. 하지만 고통의 실체는 의도와 무관하다. 아무리 의도가 없었다고 해도 어떤 말들은 충분히 잔인하고, 어떤 행동은 충분히 누군가를 배제할 수 있다.

그렇다면 우리는 어떤 기준으로 자유를 말해야 할까? 아마도 그것은 '나의 진심'이 아니라 '내 행동의 결과물'이 되어야 할 것이다. 자유는 내 행동에 책임지는 태도에서 시작된다고 말할 수 있다.

어떤 사람이 무심코 던진 한마디가 누군가의 삶을 흔들 수도 있다. 그 말을 한 사람에게는 가벼운 농담일 뿐이지만 듣는 사람은 정체성을 부정당하고, 존엄성을 훼손당하는 것처럼 느낄 수 있다.

고통은 때로 목소리를 내지 않는다. 외면당할까 봐 말하지 않는 사람, 그저 침묵 속에서 조용히 삭이는 사람은 꽤 많다. 당신이 던진 말에 누군가 아무 말 없이 웃었다고 해서, 그 사람이 정말 괜찮은 거라고 생각하지 마라. 정말 그 표정이 괜찮다는 뜻인지, 아니면 단지 참고 있는 건지는 알 수 없는 것이다. 그러므로 항상 스스로에게 질문을 멈추지 않아야 한다.

'나는 내 말과 행동이 누군가에게 어떤 영향을 주는지 생각해본 적 있는가?'

'나는 타인의 고통을 감지할 수 있는 민감함을 가지고 있는가?'

'나는 누군가의 상처 앞에서, 내 자유를 조금은 포기할 수 있는 사람인가?'

자유를 이야기하면서도 타인의 고통에 무관심한 사람이 있다. 그런 사람은 자기 자신에게만 예민하고, 타인의 감정에는 무딘 경우가 많다. 자신의 감정은 세심하게 보호하면서 타인의 감정은 "너무 예민한 거 아니야?"라는 말로 축소한다. 그렇게 되면 자유는 공존이 아니라 배제의 수단이 된다. 내가 선택한 방식으로 말하고 행동하지만 그것이 누군가에게 상처를 주고 있다면, 그 자유는 지속 가능하지 않다. 그것은 결국 신뢰를 잃게 만들고, 관계를 무너뜨리며, 고립을 자초한다.

진짜 자유는 타인의 고통에 민감한 사람에게만 주어진다. 그것은 감정을 억제하라는 뜻이 아니라, 표현의 방식과 시기를 고려하라는 말이다. 말하고 행동할 수 있는 능력은 누구에게나 있지만 그것이 언제, 어떻게, 누구에게 어떤 파장을 일으킬지 가늠하는 사람은 드물다. 그런 사람만이 진정으로 '자유로운 사람'이라 불릴 수 있다. 그들은 자유를 '내 마음대로'가 아닌 '우리 모두가 함께 살아가기 위해' 존재하는 것으로 이해한다.

우리는 선택할 수 있다. 계속 타인의 고통을 외면한 채, "내가 뭘 잘못했냐"며 살아갈 수도 있다. 혹은 타인의 반응을 예민하게 받아들이며, "어떻게 하면 함께 살아갈 수 있을까"를 고민할 수도 있다. 당신은 어떤 삶을 선택할 것인가? 당신이 꿈꾸는 자유는 누구를 배제하고 있지는 않은가? 당신이 외면했던 고통이 결국 당신의 관계를 서서히 부식시키고 있지는 않은가?

자유는 고통을 보는 눈에서 시작된다. 그 눈이 열릴 때, 우리는 더 이상 자기만의 세계에 갇혀 있지 않게 된다. 타인의 아픔을 외면하지 않을 때, 자유는 단순한 권리를 넘어 공동체적 자격으로 확장된다. 그리고 그때 비로소 우리는 '말할 자격'과 '살아갈 자격'을 함께 얻게 된다. 자유로운 사람은 누구보다 깊게 생각하는 사람이다. 그들은 말하기 전에 스스로에게 세 번은 질문한다.

'이 말이 누군가에게 상처가 되지는 않을까?'

'지금 이 행동이 어떤 사람에게 두려움이나 소외감을 느끼게 하지는 않을까?'

'나는 지금 진짜 자유로운가, 아니면 단지 내 욕망에 충실한 것뿐인가?'

이러한 질문 없이 외치는 자유는 허상에 가깝다. 그 자유는 자기만족이자 감정적 해방일 수는 있어도, 인간적 깊이가 부족한 경우가 많다. 그리고 그런 자유는 누군가의 인내 위에 세워진 무책임한 특권일 뿐이다. 자유는 인간을 빛나게 하는 힘이 될 수도 있지만, 동시에 타인을 무너뜨리는 칼이 될 수도 있다. 그 경계는 당신이 타인의 고통 앞에서 어떤 태도를 취하느냐에 달려 있다.

그러므로 기억하자. 타인의 고통을 외면한 자유는 결국 자기 자신도 속이게 된다. 우리가 누구의 눈물도 감지하지 못하는 상태에서 외치는 자유는 그 자체로 공허하다. 반대로 타인의 고통을 예민하게 받아들이고, 그 앞에서 스스로를 조절할 수 있을 때, 우리는 비로소 인간으로서의 깊이를 갖게 된다. 자유는 그러한 민감함에서 탄생하며, 그러한 책임 위에서 지속된다. 그런 자유야말로, 흔들리지 않는 단단한 자유다. 그것

은 단순히 살아남는 기술이 아니라, 함께 살아가는 힘
이다.

34강

내 생각이
틀릴 수도 있다는 걸
잊지 마라

확신이란 종종 두꺼운 유리처럼 보인다. 겉으로는 단단하고 투명해 그 너머의 세계를 그대로 비춰주는 것 같다. 그런데 그 각도를 조금만 바꿔보면 금세 왜곡된 모습이 드러난다. 그런 면에서 볼 때 나는 사람들의 생각이 유리와 같다고 느낄 때가 많다. 다른 빛을 비추거나 서로 다른 위치에서 보면 전혀 다른 형태를 띠지만 사람들은 유리에 비친 모습이 정확하다고 쉽게 믿어버린다.

어떤 사람이 강한 확신을 드러낼 때면, 나는 종종 묘한 긴장감을 느끼곤 했다. 그 확신이 진리에 닿아 있는 것인지, 아니면 몸에 축적된 관성에서 비롯된 것인지 분간하기 어려웠기 때문이다. 그런데 왜 그렇게 긴장이 되는지를 가만히 생각해보면 상대의 의견이 틀릴 수도 있다는 우려보다는 나의 의견이 틀릴 수도 있다는 가능성 때문이었던 것 같다. 인간의 판단은 언제나 부분적이며, 개인이 이해하는 세계는 한 조각에 불과하다. 그럼에도 사람들은 자신이 알고 있는 작은 지식의 조각들이 세계의 전부라고 믿고 싶어 한다. 나는 그런 사람들을 볼 때마다 나 자신에게 묻지 않을 수 없었다.

'내가 옳다고 믿는 지식의 근거는 과연 어디에서 온 것인가?'

어떤 문제를 해결하기 위한 논의 자리에서도 이 같은 모습은 자연스럽게 드러난다. 어떤 안건에 대해 이야기할 때 사람들은 그 내용의 진위를 살피기 전에 자신이 알고 있는 상식이 흔들릴까 봐 걱정한다. 개중에 어떤 한 사람이 일반적인 통념과 다른 의견을 제시하면 그 모임의 공기는 긴장 모드로 바뀐다. 그 의견의 옳고 그름과 상관없이, 새로운 관점이 등장했다는 사실 자체가 사람들에게 미묘한 불안감을 안겨준다. 나는 이런 장면을 볼 때마다 확신이라는 감정이 얼마나 쉽게 두려움과 얽혀 있는지 떠올리게 된다.

학문의 세계에서도 이와 비슷한 현상을 자주 목격했다. 오랜 시간 연구한 사람이 확신에 찬 목소리로 자신의 이론을 펼치는 시간, 많은 사람들이 그의 설명을 들으며 고개를 끄덕인다. 그러나 질의응답 시간에 누군가 전혀 예상하지 못한 질문이나 도발적인 반론을 제기하면 발표자는 당황하며 머뭇거린다. 그것은 체면 때문이기보다는 자신이 생각지 못한 진실의 조각이 드러났다는 것을 인정해야 하기 때문이다. 나는 이런 경험을 통해 어떤 이론이든 반론이 있어야 그 형태를 유지할 수 있다는 진실을 다시 확인하곤 했다.

예술가와 비평가 사이에서도 비슷한 일이 벌어진다. 창작자는 자기 작품의 의미를 누구보다 잘 알고 있다고 생각하지만, 스스로는 전혀 예상치 못한 해석을 마주할 때가 많다. 창작자의 의도와는 다르지만 작품이 담고 있는 여러 가능성을 드러내는 평론이 얼마나 많은가. 작품은 작가의 것이기도 하지만 세상의 많은 사람들과 만나면서 새롭게 탄생하는 것이다. 나는 그런 새로운 해석을 마주할 때마다 스스로에게 이렇게 묻곤 했다.

'내가 이해하고 있는 것은 전체 중 얼마나 되는가?'

우리의 생각은 언제나 잠정적이다. 오늘 내가 옳다고 여긴 가치관이 내일은 구시대의 유물이 될 수도 있고 지금은 쓸모없어 보이는 생각도 시간이 지나면서 새로운 길을 열어주는 단서가 되기도 한다. 그래서 우리는 항상 내가 갖고 있는 의견도 언제든 뒤바뀔 수 있다는 사실을 염두에 둬야 한다. 나는 그 사실을 잊지 않기 위해 스스로에게 종종 이런 질문을 던진다.

'나는 지금 새로운 걸 배우려고 노력하고 있는가? 아니면

내 확신을 지키기 위해 애쓰고 있는가?'

이 질문 앞에서 솔직한 대답을 할 수 있다면 당신은 더 넓은 세계로 나아갈 수 있다. 내 생각이 틀릴 수도 있다는 걸 인정하는 것. 이 태도는 자유로운 정신을 유지하기 위한 가장 중요한 조건이라고 나는 믿는다.

Self-Question
나에게 물어본다

'나는 새로운 걸 배우려고 노력하는가?
아니면
기존의 확신을 지키기 위해서 노력하는가?'

편역자 김이남

『난장이가 쏘아올린 작은 공』을 읽고 작가가 되고 싶어 문창과에 진학하려 했으나 좀 더 실용적인 학과에 지원하라는 부모님의 압박에 결국 출판학을 전공하게 되었다. 박완서, 김동리, 김유정, 이청준 등 국내 작가들에게 크게 영향받아 꾸준히 작품을 썼고 각종 문학상에 출품했으나 결과는 번번이 낙방이었다. 장미 대신 들국화를 꺾는 심정으로 출판사에서 일하게 되었고 십여 년 동안 편집자로 살아왔다.

만약 책 속의 어떤 한 문장이 한 사람의 마음에 파고들어 그 사람의 인생에 파문을 일으킬 수 있다면 그것만큼 고귀하고 경이로운 일은 없을 거라 믿고 있으며, 이 책도 그 믿음에서 시작되었다.

존 스튜어트 밀
John Stuart Mill

존 스튜어트 밀(1806~1873)은 19세기 영국을 대표하는 철학자이자 경제학자로, 근대 자유주의의 핵심 토대를 마련한 사상가이다. 벤담의 공리주의 전통에서 출발했지만, 이를 인간의 품위와 다양성을 중시하는 방향으로 발전시켜 오늘날 민주주의 사회의 기본 원칙에 큰 족적을 남겼다.

대표작 『자유론』에서 그는 권력에 제한을 가하는 것이 자유의 핵심적 역할이며, 타인에게 해악을 끼치지 않는 한 개인의 자유는 최대한 보장되어야 한다고 주장한다. 이는 생각의 자유, 표현의 자유, 기호의 자유, 결사의 자유를 지지하는 이론적 근거가 되었고, 현대 사회가 자유에 대해 논할 때 여전히 중심이 되는 개념이다. 그는 다수의 횡포가 소수를 억압하는 것이 위험하다고 보았으며 다양한 의견이야말로 사회를 진일보시키는 원동력이라고 강조했다.

밀은 공리주의(功利主義, utilitarianism)를 단순히 이익을 추구하는 이론이 아닌, 인간의 질적 성장을 중시하는 윤리학으로 확장했다. 또한 여성 참정권을 지지했고 교육, 노동, 의회 개혁 등 여러 사회 문제에 적극적으로 참여하며 실질적 개혁가의 면모를 보였다. 정치경제학자로서도 그는 『정치경제학 원리』를 통해 시장의 자율성과 국가의 공공 역할을 균형 있게 파악하는 입장을 제시했다. 이는 훗날 복지국가 논의의 사상적 기반이 되었다.

밀의 철학에서 빼놓을 수 없는 인물이 바로 사상적 동반자인 해리엇 테일러 밀(Harriet Taylor Mill)이다. 밀은 『자유론』을 비롯한 여러 책을 통해 해리엇이 지적인 영감을 제공했다고 밝힌 바 있다. 그는 '내가 쓴 것 중 가치 있는 것은 모두 그녀와의 협업에서 비롯되었다'고까지 표현했다. 해리엇은 여성의 권리, 결혼제도의 문제, 개인적 자율성에 관한 급진적 통찰을 제시했고, 그 영향은 밀의 사상 전체를 관통하고 있다. 해리엇이 죽기 전에 출간된 『논리학 체계』(1843), 『정치경제학 원리』(1848)는 그녀의 손을 거쳐 출판되었다고 알려져 있다. 밀의 저서로는 『자유론』(1859) 외에도 『대의정부론』(1861), 『공리주의』(1863), 『여성의 종속』(1869), 『자서전』(1873) 등이 있다

자유는 상처를 먹고 자란다

초역 자유론

1판 1쇄 인쇄 | 2026년 1월 9일
1판 1쇄 발행 | 2026년 1월 13일

만든 사람들
지은이 | 존 스튜어트 밀
편역자 | 김이남
기획·편집 | 박지호   마케팅 | 김재욱
디자인 | design PIN

ISBN 979-11-989025-8-0 03160

펴낸이 | 김재욱, 박지호
펴낸곳 | 포텐업
출판등록 | 제2022-000323호
주소 | 서울시 마포구 월드컵로7안길 20 302호(04022)
전화 | 070-4222-1212 팩스 | 02-6442-7903

원고 투고 및 독자 문의 | for10up@naver.com
인스타그램 | @for10up
블로그 | https://blog.naver.com/potenup_books